Chrétiens en danger

Vingt raisons d'espérer

Ouvrage du même auteur :

Prier 15 jours avec le Père Werenfried, Nouvelle Cité, 2010.

ISBN : 978-2-84024-512-4

Société des Œuvres Communautaires, septembre 2013
Conception de la couverture : mc-design – Martin Casteres
Illustration de couverture : © Marc Fromager

Marc Fromager

Chrétiens en danger

Vingt raisons d'espérer

EdB

Introduction

Le sous-titre *Vingt raisons d'espérer* pourrait sembler paradoxal, voire contradictoire, vis-à-vis du titre qui exprime le danger et la détresse. Or, cet apparent oxymore, avant d'être une figure littéraire destinée à attirer l'attention, est en fait le meilleur reflet de la réalité : oui, les chrétiens sont en danger dans de nombreux pays à travers le monde et oui, il y a des raisons d'espérer !

Très souvent, on omet d'évoquer la discrimination dont sont victimes les chrétiens. On parlera assez facilement des autres victimes, quelles qu'elles soient – et il est vrai que l'époque est à la victimisation – mais, de manière assez surprenante, les chrétiens semblent être soumis à un traitement différent. Malgré les faits objectifs qui sont vérifiables – et les faits sont têtus – le sujet reste globalement tabou.

À l'époque de l'URSS, la persécution des chrétiens par l'ogre soviétique a été totalement passée sous silence, y compris le plus souvent au cœur même de l'Église. Une fois le Mur tombé, un voile pudique a été posé sur cette réalité sur laquelle il était inutile de revenir puisque, n'est-ce pas, c'était du passé. On ne pouvait donc pas en parler, ni pendant ni après, en fin de compte jamais.

Ce déni sélectif de la réalité peut sans doute s'expliquer de différentes manières dont le rejet de notre propre identité – notre histoire, notre culture, notre religion, notre patrie… – semble la plus probante. Dans cette construction mentale, non seulement on se moque bien de ce qui peut arriver aux chrétiens, mais, surtout, on s'interdit de parler de persécution puisque cela reviendrait à critiquer *l'autre*, par définition paré de toutes les vertus. Qui dit persécution dit forcément persécuteurs. Or, dans ce monde fantasmé du déni de la réalité, tout le monde est gentil, il ne peut donc y avoir de mal.

Évoquer la détresse, qui plus est des chrétiens, semble donc relever d'une pathologie morbide, et pourtant ! Il suffit d'observer ce qui se passe dans le monde pour rapidement prendre conscience à la fois de cette réalité et de son ampleur. On estime que 200 millions de chrétiens, c'est-à-dire 10 % des disciples du Christ, ne sont pas entièrement libres de vivre leur foi.

Il existe bien sûr une large gamme de situations allant d'une discrimination sournoise à la persécution la plus violente, mais tous doivent assumer un certain prix à payer du fait de leur foi et pour certains, ce prix à payer pourra paraître extravagant. Cet ouvrage, qui décrit un certain nombre de ces situations, leur est dédié.

Le choix des pays s'est voulu représentatif des différents environnements dans lesquels vivent ces personnes avec une couverture géographique de tous les continents hormis l'Océanie, moins concernée, et avec une illustration des différentes sources de la discrimination, qu'elle soit d'origine politique ou religieuse.

***

Mais revenons-en au sous-titre. Chaque chapitre se termine donc par une vue prospective basée sur l'espérance. Cette ouverture à contre-pied de la détresse analysée précédemment ne repose pas sur un optimisme béat et désincarné, mais se veut argumentée, dans une certaine mesure, et résultant de la perception de certaines évolutions.

Bien entendu, il ne s'agit pas de prédictions et tout exercice d'anticipation reste inévitablement limité, mais il m'a semblé important de réfléchir à l'avenir de ces pays, à plus ou moins long terme, et des chrétiens qui y vivent.

Vingt pays ont été retenus dont la France, ce qui peut paraître plus surprenant. L'évocation des pays de *vieille* chrétienté me paraissait pourtant nécessaire et d'autres pays occidentaux auraient pu également y figurer, mais il fallait bien choisir. Il va de soi que la situation n'y est pas aussi dramatique que dans la plupart des autres pays présentés dans cet ouvrage, mais leur présence m'a semblé pertinente, le sujet les épargnant de moins en moins.

La liste n'est malheureusement pas exhaustive et il aurait fallu parler de tant d'autres pays. Comme directeur de l'AED (Aide à l'Église en Détresse), j'ai l'occasion, mais surtout le privilège, d'aller à la rencontre de ces communautés un peu partout et en vérité, ces chrétiens *en danger* ont réellement beaucoup plus à nous apporter que ce que nous pouvons leur donner. Ils savent en qui ils ont mis leur confiance, une confiance qui ne déçoit pas.

Que les chrétiens qui n'ont pas été évoqués dans ce livre sachent néanmoins que nous ne les oublions pas. L'espérance évoquée à travers ces pages, je sais qu'ils la partagent aussi. Là encore, ce sont eux qui nous précèdent. En réalité, il y a autant de raisons d'espérer qu'il y a de témoins, et leur liste est innombrable !

1

Moyen-Orient

1. Arabie Saoudite
2. Égypte
3. Irak
4. Syrie

1. Arabie Saoudite

Un visa pas très catholique

Il paraît que ce sont les reflets rouges du Sinaï qui ont donné leur nom à la mer Rouge ou est-ce le sang des Égyptiens au moment de l'Exode ? Du hublot de l'avion qui me transporte de Beyrouth à Djeddah, j'essaie de tromper mon inquiétude comme je peux.

Ce n'est pas l'avion qui m'inquiète, je le prends suffisamment tout au long de l'année, mais la destination de mon vol. Se rendre en Arabie Saoudite, pour le directeur d'une organisation catholique qui s'occupe des chrétiens persécutés, c'est tout de même prendre un léger risque. Mais mon véritable souci concerne mon passeport : le visa n'est pas à mon nom !

À l'ambassade d'Arabie Saoudite à Paris, il a fallu au dernier moment remplir un dernier formulaire sur internet et j'ai mis le nom de mon sponsor, la personne qui m'invite officiellement dans le pays, à la place de mon nom. Mon visa est donc au nom de mon sponsor dans un passeport qui est à mon nom, mais c'est la veille du voyage : il est trop tard pour changer !

Au moment de l'enregistrement, puis de l'embarquement à Beyrouth, il y a un contrôle du visa et du billet d'avion. Le nom n'est pas le même, mais, après un temps d'hésitation, on me laisse finalement monter à bord. Reste l'arrivée à Djeddah qui m'inquiète beaucoup et qui me fait penser que ce n'était pas forcément la meilleure idée que de vouloir découvrir ce que vivaient les chrétiens dans ce pays. Finalement, tout se passe bien, mystérieusement. Par la suite, à plusieurs reprises, des ambassades me feront remarquer cette ineptie, qualifiée a posteriori d'erreur administrative.

L'Église des catacombes

Djeddah est un port, c'est-à-dire traditionnellement une ville plus ouverte sur le reste du monde. On le vérifie dans ce pays où la différence avec Riyad, la récente capitale de 1986, est marquante. Et pourtant, Djeddah est aussi la porte d'entrée de la Mecque, toute proche. Autrefois par bateau, les pèlerins arrivent maintenant massivement par avion, à tel point qu'un terminal leur est réservé.

Finalement, tout se passe bien et je pourrai rencontrer à Djeddah, puis à Riyad, la capitale, les personnes que je suis venu rencontrer. En 1976, il y avait 200.000 catholiques dans la péninsule arabique. Maintenant, ils sont 3 millions ! Le nombre de catholiques a donc été multiplié par quinze en trente ans, soit très certainement la plus forte hausse au monde.

Mais en Arabie Saoudite, tout reste parfaitement interdit : pas d'église, pas de bible, pas de chapelet, pas de crucifix. Rien qui évoque le christianisme n'a le droit de pénétrer sur cette terre considérée dans son ensemble comme un sanctuaire de la foi musulmane. Les chrétiens n'y ont donc aucune possibilité officielle de vie sacramentelle ou de prière communautaire. Officielle car en réalité, il existe une Église complètement souterraine…

Personnellement, je n'avais jamais rencontré de chrétiens vraiment clandestins. J'avais lu des témoignages de derrière le rideau de fer, mais j'étais arrivé trop tard pour les rencontrer *in situ*. Et voilà que j'écoutais des personnes qui organisaient de manière complètement invisible la vie de petites communautés qui composaient l'Église locale, l'Église des catacombes. Dans un siècle, j'espère même avant, on fera des films sur ces héros de la foi et sur l'incroyable audace de leur mission.

Parmi eux, on retrouve essentiellement des Asiatiques, des Indiens, Sri Lankais, Pakistanais et Philippins, des Philippins que l'on rencontre également dans les églises de Tokyo, Istanbul ou Stockholm (les Philippins sont vraiment partout et constituent parfois le pilier des paroisses dans les pays où les communautés chrétiennes sont marginales, voire marginalisées).

En se réunissant chez les uns ou les autres en petits groupes, ils prennent de réels risques ! S'ils sont découverts, ils peuvent être emprisonnés et subir des violences physiques. Quoiqu'il arrive, c'est l'expulsion assurée ou le non-renouvellement du permis de travail, ce qui revient au même, et donc la fin de leur gagne-pain.

Aller à la messe dans ces conditions suppose une foi profonde et une réelle faim eucharistique ! Lorsque parfois nos jeunes se font prier pour aller à la messe le dimanche, il serait bon à l'occasion de leur rappeler que dans le monde, ce n'est pas simplement un rite social ou une habitude, mais quelque chose de dangereux qui nécessite un minimum de courage, courage qui ne s'explique que par l'importance cruciale que ces personnes accordent à l'eucharistie.

La menace permanente, c'est la *muttawa*, la police religieuse, qui est toute-puissante. En charge de veiller au respect scrupuleux de la bonne conformité des usages à l'interprétation rigoriste de l'islam wahhabite, elle surveille à coups de matraque tout ce qui rentre dans l'espace public, que ce soit la fermeture des boutiques à l'heure de la prière ou la tenue des femmes qui doivent toutes, y compris les étrangères, porter le voile et l'*abaya*, grande tunique couvrant tout le corps.

Une Française rencontrée sur place portait un pin's où il était écrit : *delete me*, c'est-à-dire « efface-moi ». Et c'est exactement cela : elles sont effacées. On se retrouve face à une foule d'ombres clonées, le noir étant la norme.

Pour les hommes, c'est le blanc, ce qui rend le *dress code* assez simple. Tout le pays est donc en noir et blanc, ce qui résume assez bien ce pays qui est profondément binaire. Vous êtes musulman ou non-musulman, homme ou femme, maître ou esclave. Dans tous les cas, vous n'êtes pas vraiment une personne si vous n'êtes pas dans la première catégorie !

L'islamisation du pays tel qu'il existe aujourd'hui s'est faite en trois vagues. Après la conquête de la péninsule par Mahomet et ses armées, puis l'alliance au XVIIIe siècle entre la famille Saoud et les wahhabites, le dernier quart du XXe siècle a vu une amplification de la mainmise des religieux à qui il a fallu donner des gages au moment de la révolution iranienne et de la guerre du Golfe. Que ce soit face à la compétition des chiites ou à la présence massive de soldats américains sur le sol saoudien, le Royaume se devait en effet de rester *la* référence musulmane pour le monde.

Cela s'avérait d'autant plus important qu'existe ce *lien organique* entre le Royaume et les États-Unis depuis le pacte du Quincy scellé en février 1945 entre le roi Ibn Saoud et le président Roosevelt, assurant la stabilité saoudienne et l'approvisionnement énergétique américain. Cette alliance hors *oumma* – la communauté des musulmans – était cependant moins surprenante qu'il n'y paraît, le puritanisme protestant et le wahhabisme semblant destinés à s'entendre : aversion (officielle) pour l'alcool, pudibonderie manifeste, millénarisme militant et juridisme exacerbé.

Aujourd'hui, il semble y avoir une volonté de tempérer cette mainmise, notamment en ce qui concerne l'éducation (révision des programmes, inauguration d'universités mixtes, ouverture de deux nouvelles écoles par jour) et la justice (création de tribunaux civils et plus uniquement islamiques) mais, tradition bédouine oblige, il y a une culture du consensus qui nécessite du temps. Tout va donc lentement…

Les chrétiens ne sont d'ailleurs pas les seuls à être étroitement surveillés. Les chiites, qui constituent 10 % de la population, sont considérés au mieux comme des hérétiques et au pire comme n'étant même pas des musulmans.

Une réelle tension existe autour de la question, d'autant plus qu'à l'est du pays, là où il y a le pétrole, les chiites sont au nombre de 30 %.

***

Depuis le mois de mai 2011, la péninsule arabique a été réorganisée en ce qui concerne l'Église catholique. Jusqu'alors, l'Arabie Saoudite, le Koweït, le Bahreïn, le Qatar, les Émirats Arabes Unis, le Sultanat d'Oman et le Yémen étaient réunis dans un seul Vicariat apostolique sous la responsabilité de l'évêque d'Abu Dhabi, Mgr Paul Hinder, un capucin suisse. On pouvait légitimement l'appeler l'évêque des six nations, couvrant une superficie de 3 millions de km^2 pour une population catholique d'à peu près 3 millions d'âmes, soit un catholique par km^2 !

Dorénavant, le Vicariat a été coupé en deux et Mgr Camillo Ballin, évêque italien de Koweït City, a repris, en plus du Koweït, l'Arabie Saoudite, le Qatar et le Bahreïn où il est maintenant installé, le Royaume étant plus central dans son nouveau Vicariat de l'Arabie du Nord. En février 2013, le roi du Bahreïn lui a donné un terrain pour la cathédrale, il reste maintenant à la construire !

D'ores et déjà, il a créé trois paroisses en Arabie Saoudite, même si elles demeurent pour l'instant assez fictives, faute de réelle structure sur place. Chacune de ces paroisses a une superficie supérieure à celle de la France. Celle de Djeddah, qui compte sur son territoire la Mecque et Médine, est consacrée à la Vierge Marie sous le vocable de Notre Dame d'Arabie… « À elle, confie l'évêque, de préparer le chemin ! »

Conversions au christianisme

Dans ce contexte, quelle peut être la bonne nouvelle ? De manière surprenante, alors que le Moyen-Orient se vide de ses chrétiens autochtones, ce qui est une catastrophe, de nouvelles populations chrétiennes viennent s'installer dans la région et repeupler les communautés qui se vidaient de manière accélérée ces dernières décennies ou qui avaient disparu au cours des siècles.

Il est tout de même important de se souvenir qu'une bonne partie de la péninsule arabique était couverte d'églises et de monastères avant l'arrivée de l'islam. Il arrive d'ailleurs, au gré de fouilles archéologiques ou plus prosaïquement au cours d'excavations sur des chantiers de construction, que l'on découvre des fondations d'églises antiques dont on avait perdu la trace ou occulté l'existence.

On se retrouve ainsi avec trois millions de catholiques dans la péninsule alors que toute trace chrétienne avait pratiquement disparu depuis treize siècles. C'est tout de même un retournement historique assez cocasse, d'autant que l'environnement n'y est toujours pas particulièrement accueillant. Néanmoins, hormis en Arabie Saoudite et certes de manière totalement insuffisante, il s'y construit des églises dont une récemment au Qatar (inaugurée en 2008) et bientôt une au Bahreïn.

Si l'on compare proportionnellement le nombre de mosquées par rapport à la population musulmane de la Suisse (je prends la Suisse comme exemple car l'évêque d'Abu Dhabi est suisse) au nombre d'églises par rapport à la population catholique de la péninsule, on arrive au constat suivant : le « taux d'équipement » en églises dans la péninsule arabique est quarante fois inférieur à celui des mosquées en Suisse ! Et pourtant, un cheikh saoudien a récemment lancé une *fatwa* invitant à détruire toutes les églises de la péninsule…

Cela étant, ces nouvelles populations, essentiellement asiatiques – après tout, on est en Asie – ne sont là que de manière provisoire pour le travail et rentrent aussitôt au pays dès leur contrat terminé. Mais la vraie bonne nouvelle est la conversion au christianisme d'un nombre de plus en plus important de musulmans, y compris au cœur de la péninsule arabique.

Une remarque s'impose à ce niveau sous peine d'être taxé de fossoyeur du dialogue interreligieux. Il va de soi que je suis pour le dialogue car aujourd'hui, nous n'avons plus que deux options, l'affrontement ou le dialogue, la troisième option – l'indifférence – n'étant plus possible du fait de la mixité entraînée par la mondialisation. Cela ne doit pas être pour autant le prétexte d'un relativisme absolu qui empêcherait de choisir sa religion.

Comme chrétien, il va de soi que je considère le christianisme comme étant la vraie religion révélée par Celui qui s'est décrit Lui-même comme étant « le Chemin, la Vérité et la Vie ». Il va de soi également que ce bonheur de connaître le Christ ressuscité, j'aimerais qu'il soit partagé par le plus grand nombre. Il en résulte, me semble-t-il, que, en dépit du plus grand respect que nous devons avoir pour les croyants des autres religions ou les non-croyants, nous ne pouvons que nous réjouir, si nous sommes chrétiens, des conversions de plus en plus nombreuses au christianisme.

La foi est un don de Dieu, mais cette grâce semble emprunter essentiellement deux canaux dans la péninsule : celui des médias et celui des songes. La multiplication des chaînes de télévision et de radio chrétiennes dans les langues locales (arabe, farsi, turc...) et le développement de programmes de qualité sur Internet permettent à de plus en plus de personnes de découvrir le message du Christ qui opère visiblement une puissante attraction.

Ensuite viennent les songes, ce qui est plus étonnant pour nos esprits rationalistes occidentaux. Les Orientaux ont apparemment conservé une certaine sensibilité spirituelle qui les rend plus perméables au monde divin. Innombrables sont aujourd'hui les témoignages de personnes ayant fait un songe, un rêve plus ou moins éveillé, au cours duquel ils ont expérimenté d'une manière ou d'une autre la présence du Christ ou de la Vierge Marie. La conversion ne s'opère pas forcément de manière instantanée et automatique, mais, quel que soit le canal emprunté, la grâce déclenche le début d'un cheminement vers la foi chrétienne.

Il reste néanmoins très difficile de chiffrer ces conversions car elles demeurent souvent, pour des raisons de sécurité, confidentielles, les personnes hésitant même en général à en parler à leurs plus proches. Personnellement, je suis persuadé que viendra le jour où se lèveront des foules de convertis, jusque-là clandestins, et que, malgré le martyre qui sans doute sera imposé aux précurseurs, nous ne pourrons que rendre grâce avec émerveillement de leur nombre et de la qualité de leur foi, éprouvée au feu de leur fidélité au Christ, fût-elle cachée.

Cela ne sera pas propre à l'Arabie Saoudite ou à la péninsule arabique. Un cheikh s'alarmait récemment du fait qu'en Afrique, il y avait six millions de musulmans qui se convertissaient au christianisme chaque année. Et que dire de la France ? Mais c'est trop tôt : rendez-vous au dernier chapitre.

2. Égypte

Prémonition

Le jour de l'an 2011, je regarde rapidement les titres de l'information à mon réveil et là, c'est le choc ! J'ai l'impression d'être dans un mauvais rêve, quand la réalité rejoint d'un seul coup nos pires cauchemars : il y a eu un attentat contre une église d'Alexandrie.

Je ne dis pas que nous – l'AED – avions prévu la révolution égyptienne qui allait démarrer trois semaines plus tard, mais nous pressentions clairement que 2011 se présentait lourd de menaces pour les chrétiens en Égypte.

C'est la raison pour laquelle nous avions prévu de communiquer beaucoup plus sur ce pays et également pourquoi j'étais sur le point de prendre l'avion pour le Caire, l'idée étant d'être là, auprès de nos frères, un an jour pour jour après le massacre de Nag Hammadi (Haute-Égypte) où six coptes étaient morts fauchés par balles en sortant de la messe de Noël, le 6 janvier 2010. Simplement, je ne pouvais pas imaginer que nos pronostics allaient se vérifier si rapidement et de manière aussi dramatique !

Trois jours plus tard, j'étais donc en Égypte avec quelques collaborateurs de l'AED. L'ensemble du pays ne parle que de l'attentat. Sous le choc et exaspérés par le manque de protection des autorités égyptiennes malgré les menaces permanentes dont ils sont l'objet, les chrétiens n'ont pas été surpris pour autant, malheureusement de plus en plus habitués à ce climat de violence.

En allant à la messe de Noël, qui est donc célébrée en Orient au moment de la fête de l'Épiphanie, nous ne pouvons nous empêcher d'expérimenter une certaine pusillanimité. Nous arrivons bien en avance, déjà pour trouver une place, mais aussi pour éviter de nous retrouver trop près des portes, juste au cas où…

« Dans dix ans, il n'y a plus de chrétiens »

Le mot « copte » est une déformation du mot grec *aegyptius* qui définissait l'Égypte. Encore aujourd'hui, les coptes sont attachés à leurs racines historiques, étant les descendants des anciens Égyptiens du temps des pharaons, et considèrent qu'ils sont donc les « vrais Égyptiens ».

Pourtant, sans pouvoir tout à fait être qualifiés de citoyens de seconde zone, il apparaît clairement qu'ils se sentent de plus en plus étrangers dans leur propre pays. Tout est d'ailleurs fait, à travers mille et un détails de la vie quotidienne, pour le leur rappeler. Il faut dire qu'ils sont une minorité avec un handicap majeur aux yeux du reste de la population égyptienne : ils sont chrétiens !

Il est très difficile d'avoir des chiffres cohérents sur le nombre de chrétiens en Égypte. Ils sont pour la plupart orthodoxes et l'Église orthodoxe revendique entre 15 et 20 % de la population du pays, en se basant sur les registres paroissiaux. Le gouvernement estime quant à lui qu'ils sont entre 2 et 3 %… Les chiffres parlent d'eux-mêmes.

Il semblerait qu'en réalité, et le conditionnel est indispensable, les orthodoxes représenteraient 10 % de la population égyptienne, soit huit millions de fidèles. Pour les coptes catholiques, c'est un peu la même chose, mais l'ordre de grandeur n'est pas le même : les estimations varient entre 150 et 250.000 personnes, le chiffre médian de 200.000 étant sans doute assez proche de la réalité, soit 2,5 % des chrétiens et 0,25 % de la population totale du pays.

L'Église orthodoxe égyptienne n'a pas reconnu le concile de Chalcédoine en 451 (condamnation du monophysisme). Parmi diverses explications, la séparation serait avant tout le résultat de malentendus sémantiques (on disait la même chose, mais de manière différente) et surtout de considérations politiques : Alexandrie aurait très mal vécu son déclassement de second Patriarcat dans la préséance honorifique au détriment de Constantinople, lors du transfert de la résidence impériale romaine dans cette ville au IVe siècle. On est un peu loin de l'Évangile, mais les acteurs de l'Histoire ne nous ressemblent-ils pas ?

Les relations officielles entre les orthodoxes et les catholiques sont au mieux indifférentes et au pire franchement médiocres. J'ai parlé d'étrangers : c'est la manière dont les orthodoxes regardent les catholiques. Il peut y avoir de bons contacts personnels entre les uns et les autres, y compris au niveau des évêques, mais les relations sont au point mort. Dans certaines régions d'Égypte, les relations sont même tendues. Certains évêques catholiques m'ont même dit avoir plus de difficultés avec les orthodoxes qu'avec les musulmans !

Et pourtant, la situation générale des chrétiens, qui n'est pas facile, inviterait plutôt à une réconciliation. Car l'environnement dans lequel les chrétiens sont plongés, sans être franchement hostile, demeure préoccupant.

« Sur le papier, si on fait les comptes, déclare Mgr Antonios Aziz, évêque de Guizeh (Pyramides), dans dix ans, il n'y a plus de chrétiens au Proche-Orient, Égypte comprise ! » Mais l'évêque reste confiant. Il estime que les courbes statistiques ont leur pertinence, mais ne sont pas prophétiques. Mgr Antonios cite en exemple le cas de la diaspora. Statistiquement, elle aurait dû diminuer par assimilation des deuxième et troisième générations. Or, elle reste profondément attachée à l'Égypte et s'active pour soutenir l'Église sur place financièrement et même politiquement, par *lobbying* sur les gouvernements des pays où elle est nombreuse (États-Unis, Australie, Europe).

Il reste que les difficultés et les violences sont permanentes. Pour construire ou ne serait-ce que rénover une église, il faut une autorisation, ce qui est normal, mais elle n'arrive quasiment jamais, ce qui l'est moins. En réalité, il faut également une autorisation pour les mosquées, mais elles sont en général construites avant d'avoir l'autorisation (l'Administration égyptienne semble assez lente), en sachant très bien que de toute façon, personne ne viendra détruire une mosquée ! La différence avec les églises vient aussi du fait qu'il faut l'autorisation du gouverneur de la province pour les églises, ce qui retarde encore les choses.

Difficulté supplémentaire, lorsqu'une demande de permis de construire pour une église est déposée, il y a souvent très rapidement la construction d'une mosquée le plus près possible de l'endroit prévu. La construction de l'église devient alors impossible… Pour les églises existantes, il y a toujours dans leur proximité immédiate une ou plusieurs mosquées, à tel point que l'on m'a donné une définition intéressante du mot « église » : bâtiment entouré par au moins quatre mosquées !

À l'école, les manuels d'Histoire font l'impasse sur les six premiers siècles de notre ère : on passe des pharaons à la conquête islamique, « libération » de l'occupation romaine. L'identité et l'histoire chrétiennes sont occultées.

Dans la fonction publique, les chiffres sont éloquents : les chrétiens représentent 10 % de la population égyptienne et 1,5 % des fonctionnaires. Même si on peut concevoir qu'une minorité ait à assumer son statut minoritaire, l'écart présent traduit tout de même une nette discrimination. Concrètement, vous avez sept fois moins de chances de trouver un emploi uniquement parce que vous êtes chrétien. Et ensuite, inutile d'espérer une promotion ou la possibilité d'exercer des responsabilités…

Viennent ensuite les violences, verbales ou physiques, de la part de musulmans qui s'en prennent à des chrétiens (l'inverse est rarissime). Des séminaristes m'ont dit qu'on leur posait parfois la question dans le métro : « Quand est-ce que vous allez quitter notre pays ? » Des incidents violents surviennent régulièrement, opposant des musulmans et des coptes.

Un exemple parmi mille : il y a quelques mois, quatre personnes ont été hospitalisées et trente-cinq ont été arrêtées à la suite d'une querelle entre familles musulmanes et coptes dans le village de Saft Meydoum, dans le gouvernorat de Beni Souwef, au sud du Caire. L'incident a éclaté après qu'une jeune musulmane a été percutée par un copte circulant à vélo, les parents de la jeune femme s'étant alors rués vers la maison de la famille chrétienne pour la lapider.

Depuis deux ans, le changement de régime n'a pas amélioré pour le moment le sort des chrétiens. Après une éphémère aube révolutionnaire œcuménique, on assiste au contraire à une recrudescence de violences contre eux. L'apparition ou le renforcement des islamistes, Frères musulmans, salafistes et autres groupuscules, ont complètement changé la scène politique et le cours des événements. Beaucoup estiment que la révolution a été kidnappée.

Le dimanche 7 avril 2013, des islamistes ont attaqué les fidèles qui sortaient des obsèques tenues à la cathédrale Saint-Marc, lançant des pierres et des cocktails Molotov du haut des bâtiments avoisinants. Les forces de l'ordre, présentes, ne sont pas intervenues. Cette agression du siège patriarcal est un acte sans précédent et évidemment consternant, d'autant plus qu'une apparente impunité protégeait les agresseurs.

D'une manière générale, les chrétiens vivent avec un sentiment de tension, voire d'oppression permanente. Un laïc chrétien m'a parlé d'étouffement… Un autre m'a dit au moins vingt fois : « Je n'ai pas peur ! », mais son insistance signifiait sans doute le contraire.

Dans le domaine de la peur, on a parfois l'impression que ce sont les musulmans qui ont peur des chrétiens, peur de leur contact, peur des prêtres qui sont considérés un peu comme des magiciens, peur que leurs enfants se convertissent à ce Dieu qui est Amour : tout est donc fait pour éloigner et comme préserver les musulmans des chrétiens.

Alors, quel avenir pour les chrétiens et quelles solutions se présentent à eux ? Il y a l'émigration, mais elle est devenue difficile avec des visas plus restrictifs et des possibilités financières plus réduites : les gens n'ont simplement plus les moyens de partir ! Il y a aussi la conversion à l'islam : on m'a parlé d'une prime de 10.000 livres égyptiennes (1.500 €), ce qui constitue une fortune pour beaucoup d'Égyptiens (un professeur gagne 50 € par mois). Il y a enfin la véritable conversion qui est demandée à tous les chrétiens et qui consiste à sans cesse laisser plus de place au Christ dans nos vies. L'avantage, s'il y en a un, de la situation des chrétiens en Égypte, c'est qu'ils sont directement confrontés à l'essentiel et sans cesse appelés à renouveler les trois vertus de foi, espérance et charité.

Il n'y a pas lieu de regretter l'ancien système de protection, qui n'a pas empêché un exode massif hors de la région, mais il est vrai que, face à l'inconnu, certains regrettent cette accélération de l'Histoire. Sans doute faut-il être patient ? Après tout, les révolutions sont des événements historiques complexes. Si on prend la Révolution française, le propre frère de Louis XVI – Louis XVIII – était encore roi de France trente-cinq ans après la prise de la Bastille…

La révolution de l'amour

Printemps arabe, hiver islamiste, quelle saison les experts de la météo vont-ils maintenant nous annoncer ? Et à quoi ressemblera-t-elle ? Difficile à ce stade de savoir comment évoluera ce bouillonnement qui s'est emparé de l'Afrique du Nord, mais les raisons d'espérer ne manquent pas.

Tout d'abord, les chrétiens égyptiens sont persuadés que Dieu veille sur eux et qu'une bénédiction particulière repose sur ce pays où la Sainte Famille a trouvé refuge dans sa fuite depuis Bethléem. Lors de la fête de l'entrée du Seigneur en Égypte, fixée au 1er juin dans le calendrier copte, les prêtres récitent cette oraison : « Sois heureuse et réjouis-toi, ô Égypte, et tes fils et tous tes confins, car ici est venu jusqu'à toi Celui qui aime l'homme, Celui qui était avant tous les siècles. »

Ensuite, les relations entre chrétiens tendent à s'améliorer et l'élection très récente de deux nouveaux patriarches coptes, un pour chaque Église, devrait permettre à ces relations de devenir plus étroites. L'unité des chrétiens est plus que jamais, en Égypte comme dans tout le Moyen-Orient et même au-delà, une nécessité urgente. Si l'environnement difficile et l'affaiblissement des communautés chrétiennes pouvaient au moins faciliter le chemin vers une unité retrouvée, nous n'aurions alors pas tout perdu.

Pour le nouveau patriarche copte catholique, Ibrahim Isaac Sidrak, élu le 15 janvier 2013, « le mot clef est justement celui de réconciliation, c'est-à-dire favoriser tout ce qui reflète la paix et l'amour du Christ ». À ce propos, le patriarche nourrit une grande confiance quant aux nouvelles perspectives de collaboration qui semblent s'ouvrir avec l'Église copte orthodoxe : « Le choix de Tawadros comme nouveau patriarche des coptes orthodoxes est un signe fort que le Seigneur nous a donné afin d'inviter les chrétiens à l'unité. Ses premiers gestes, ses visites, sa sensibilité spirituelle suscitent une grande espérance. Des paroles, on passera aux faits et ceci nous aidera à affronter ensemble la situation confuse devant laquelle nous nous trouvons », estime-t-il.

Autre point positif : cette « révolution » n'a pas dit son dernier mot. Les jeunes, qui représentent la majorité de la population, n'ont certainement pas renversé une dictature militaire pour se voir imposer une dictature théocratique, et ce malgré une réelle islamisation de la société. À plus ou moins long terme, cette liberté à laquelle ils aspirent ne pourra pas être indéfiniment étouffée, à moins d'une dérive autoritaire dans le genre iranien, le régime ne subsistant que par la force.

Selon le patriarche, les influences négatives, importées d'Arabie et des pays du Golfe, « sont craintes non seulement par les chrétiens, mais aussi par de nombreux musulmans. Il est confortant de voir que de nombreux jeunes et toutes les personnes judicieuses réagissent face à tout cela », assure-t-il.

À titre d'exemple, il raconte ce qui lui est arrivé à Noël : « Cette année, un certain nombre de prédicateurs islamistes avaient déclaré que c'était un péché que de présenter des vœux aux chrétiens à l'occasion des solennités de Noël. J'imaginais qu'après cet avertissement, aucun musulman ne serait venu nous faire les traditionnelles visites d'hommage. Bien au contraire, ils sont venus plus nombreux que ces dernières années. Des groupes de jeunes, des familles, des associations islamiques se sont présentés jusqu'à la Messe de Noël. Ils voulaient montrer par là quelle était leur réponse. »

Son prédécesseur, sa Béatitude le cardinal Naguib, déclarait : « Les symboles du régime ont été écartés, mais le régime est persistant. Pour le changer, nous avons besoin d'une autre révolution : la révolution de l'amour. »

***

En juillet 2013, les Frères musulmans ont été renversés par un réel soulèvement populaire. 33 millions d'Égyptiens sont descendus dans la rue, soit plus du tiers de la population (à titre d'exemple, c'est comme si 25 millions de Français manifestaient en même temps), pour réclamer le départ de Morsi. Techniquement, c'est ensuite l'armée qui a géré le changement de régime mais il est difficile, sauf pour les chancelleries occidentales consternées par cette expression populaire (craignent-elles qu'il leur arrive la même chose ?), de ne pas y déceler une réelle réappropriation de leur pays par les Égyptiens eux-mêmes. Tout reste maintenant ouvert, mais la plus grande partie de la population a retrouvé le sourire.

3. Irak

60.000 $

Des hélicoptères américains survolent la ville à basse altitude. Au loin, les derricks couvrent l'horizon ponctué par des flammes gigantesques. Nous sommes une petite délégation française conduite par Mgr Stenger, évêque de Troyes et président de Pax Christi (février 2008). Nous entrons à Kirkouk, une des grandes villes irakiennes, disputée par les Arabes au sud et les Kurdes au nord. Une région inflammable, donc, évidemment à cause du pétrole que tout le monde cherche à s'approprier.

C'est dimanche et la cathédrale, dédiée au Sacré Cœur, est comble. Alors qu'une voiture piégée a explosé contre le mur de l'église un mois auparavant, je suis frappé par la ferveur de ces personnes pour qui la messe dominicale prime sur toute autre considération.

Tous nous remercient d'être là malgré les conditions de sécurité qui ne sont pas optimales. Cela étant, nous n'y sommes que quelques jours et ce sont bien eux les véritables témoins de la foi. La messe est très belle, la langue chaldéenne utilisée par la liturgie étant proche de l'araméen parlé par le Christ.

Je ne cesse de penser à ce fermier chrétien que nous avons rencontré la veille à Qaraqosh près de Mossoul, l'ancienne Ninive. Il avait été pris en otage et venait juste d'être libéré après huit jours de captivité. Pour sa libération, il avait dû payer une rançon de 60.000 $, une véritable fortune pour ce fermier du nord de l'Irak. Or, ses ravisseurs lui avaient laissé le choix : si lui et sa famille se convertissaient à l'islam, il n'aurait plus rien à payer ! Et il avait payé…

Lorsque je récite le Credo le dimanche, je pense à la profession de foi de ce fermier et à ce qu'elle lui a coûté. « *Mais pour vous,* leur demandait Jésus, *qui suis-je ?* » Pierre lui répond : « *Tu es le Christ.* » (Mc 8, 29)

Vendredi saint tous les jours

Enlèvements, assassinats, explosions, attentats… l'actualité irakienne pendant une dizaine d'années en a été remplie. Dans un pays majoritairement musulman, la plupart des victimes ont été et sont toujours musulmanes, d'autant que la « guerre » entre sunnites et chiites y est particulièrement féroce, mais proportionnellement, les chrétiens furent de loin les principales victimes collatérales de l'intervention américaine. Les faits parlent d'eux-mêmes : leur nombre a tout simplement fondu pour atteindre un seuil critique.

Sans même parler des dizaines de millions de Chaldéens qui peuplaient encore le Moyen-Orient il y a trois siècles, on en comptait encore 1,4 million à la fin des années 80, juste avant la première guerre du Golfe. Aujourd'hui, on pense qu'il n'en reste plus que 150.000, soit une chute brutale de 90 % de la communauté en une vingtaine d'années, c'est-à-dire une génération.

Un autre chiffre : en dix ans, soixante-dix églises ont été attaquées, en moyenne une tous les deux mois. On peut parler d'évanescence – qualité de ce qui est évanescent, de ce qui s'amoindrit progressivement, s'efface petit à petit, s'évanouit – sauf que là, cet évanouissement a été accéléré et impitoyable.

L'Irak reste toujours associé dans ma mémoire à deux figures sacerdotales, deux martyrs de ce début du XXIe siècle. Le premier est le père Ragheed Aziz Ganni, abattu sur le parvis de son église de Mossoul en sortant de la messe de Pentecôte le 3 juin 2007. Il avait été boursier de l'AED, ce qui lui avait permis de poursuivre des études théologiques à Rome.

C'était un jeune prêtre plein d'enthousiasme et entièrement dévoué à sa paroisse. Nous nous étions recueillis devant sa tombe avec Mgr Rahho, l'archevêque chaldéen de Mossoul, et cela avait été l'un des moments forts du voyage. Or, quelques jours après notre retour en France, nous apprenions que Mgr Rahho avait été enlevé à son tour. Son corps sera retrouvé une dizaine de jours plus tard, le 12 mars 2008, et sera enterré dans un premier temps à côté du père Ganni.

Mystère que ces vies fauchées, même si elles étaient déjà entièrement offertes. Mystère de la Croix, mystère de la Passion qui semble se prolonger dans ce pays. Pour l'Église en Irak, il semble que ce soit le Vendredi saint tous les jours !

En voici quelques témoignages. Le recteur du séminaire de Qaraqosh nous confie :

> « Si vous prenez entre vos doigts un peu de cette terre, la portez à votre nez, vous sentez le sang des chrétiens. L'Irak

a beaucoup souffert pour l'amour du Christ. Les chrétiens ont toujours répondu par la paix. »

Mgr Sleiman, l'archevêque latin de Bagdad, poursuit :

« La lucidité oblige à voir que tout va dans le sens d'une dissolution du christianisme irakien. Dans le cadre institutionnel actuel, qui fait de la charia l'unique source du droit, aucune place n'est faite aux chrétiens. Ils ont le choix entre le repli sur eux-mêmes ou la dilution dans l'ensemble. »

Le cardinal Emmanuel III Delly, alors Patriarche de Babylone des Chaldéens, témoigne :

« À Bagdad et à Mossoul spécialement, mais aussi à Kirkouk ou à Bassora, il arrive que des groupes violents frappent à la porte des chrétiens et leur imposent d'abord de payer une somme comme "amende", en obligeant quelquefois toute la famille à affirmer publiquement qu'elle s'est convertie à l'islam, puis en forçant le père de famille à céder sur-le-champ une de ses filles comme "épouse" à un des jeunes de la bande et enfin en leur ordonnant d'abandonner immédiatement leur maison, dans l'état où elle se trouve, et de quitter le pays, "parce que, disent-ils, ce n'est pas votre patrie !". Des centaines de familles ont été contraintes par la force à émigrer et plusieurs dizaines ont été obligées de se convertir à l'islam. » Le cardinal conclut : « Nous souffrons parce que nous portons le nom de chrétiens. »

Selon l'actuel archevêque chaldéen de Mossoul, Mgr Amel Nona :

« L'islam iraquien n'a jamais été fondamentaliste. Mais après 2003, un islam radical et fondamentaliste s'est propagé partout en Irak. Et une fois qu'il est là, il est très difficile, sinon impossible, à éradiquer. Cependant, le problème n'est pas dû au fondamentalisme, mais à l'islamisation de la société. La société iraquienne a beaucoup changé. Elle est devenue plus islamiste et plus radicale. C'est la conséquence des actions de tous ces groupes fondamentalistes et d'une politique qui utilise la religion pour réaliser ses objectifs. La peur est un élément essentiel pour islamiser la société. Plus la peur est grande, plus le fondamentalisme est puissant. »

Revenus de la grande épreuve

Où trouver une raison d'espérer dans ce bourbier irakien ? La première pensée qui me traverse l'esprit demeure la maxime de saint Silouane : « Garde ton âme en enfer et ne désespère pas ! » Au cours de l'Histoire, l'Église a bien disparu de certaines régions comme la péninsule arabique et l'Afrique du nord. Pourquoi ne disparaîtrait-elle pas de l'Irak ?

Aujourd'hui encore, malgré tant de souffrances, les chrétiens demeurent divisés, prisonniers d'une « mentalité tribale qui fait que chaque village vise à avoir "son" Évêque ou "son" Patriarche », confiait récemment le nouveau Patriarche de Babylone des Chaldéens, Mgr Louis Raphaël Ier Sako, qui ajoutait : « De cette manière, le christianisme s'éteint. »

Et pourtant, il nous faut croire que la Providence saura tirer un bien de tout ce mal. Même si les chiffres se sont effondrés, on voit difficilement que toute présence chrétienne pourrait simplement s'évanouir dans les années à venir, même si le scénario reste malheureusement possible.

Même si, depuis la Pentecôte, la solidité de l'Église ne repose pas sur le nombre des chrétiens, mais sur la profondeur de leur foi et de leur vie spirituelle, il n'en demeure pas moins qu'en deçà d'un certain seuil, la possibilité pour la communauté de vivre sa foi librement tend à fléchir. Or, la probabilité pour que ce seuil soit prochainement atteint augmente inexorablement.

Si l'on considère que l'orgueil est le principal danger qui nous menace, on pourra certainement considérer que la *kénose* de l'Église en Irak, que l'on pourra rapprocher de la *kénose* du Christ – son dépouillement, voire son anéantissement – aura au moins œuvré pour purifier l'Église de ce péril, mais à quel prix ?

Plus humbles et ne pouvant plus compter que sur Dieu lui-même, les chrétiens irakiens auront été fermement appelés à approfondir leur vie spirituelle, voire à se convertir en vue d'une plus grande sainteté. Comment cela pourrait-il ne pas porter de fruits ? Comment cette foi pourrait-elle ne pas devenir communicative et attirante ?

Et si demain, de nouveaux convertis frappent à la porte de l'Église, peut-être sera-t-elle plus à même de les recevoir humblement qu'au temps de sa « splendeur » où elle pensait être forte… Pourquoi ne pas y voir la main de la Providence, main souvent mystérieuse, voire incompréhensible, mais main de la Providence malgré tout ?

Qui sait si, à l'avenir, nous les chrétiens d'Occident ne nous tournerons pas vers nos frères d'Orient qui seront revenus de la grande épreuve (cf. Ap 7, 14) et qui nous serviront de guides à l'instar des premiers Pères de l'Église qui étaient orientaux ? Une chose est certaine : l'Église en Irak n'en a pas terminé avec son témoignage !

4. Syrie

À l'abri d'une mosquée

Damas, mosquée des Omeyyades, selon moi l'une des plus belles mosquées au monde. La cour des ablutions est une pure merveille et la mosquée elle-même possède un trésor : le crâne de saint Jean-Baptiste. Il faut dire qu'avant d'être une mosquée, c'était une église.

Lors de la conquête musulmane, il a rapidement été établi que le lieu de culte devait être partagé entre musulmans et chrétiens, car les musulmans devenaient de plus en plus nombreux et qu'il leur fallait davantage de lieux de culte. Rapidement, néanmoins, ce qui devait arriver arriva : tout le sanctuaire fut transformé en mosquée.

***

Lorsque j'entre dans une mosquée, deux images me reviennent à l'esprit, en l'occurrence deux mosquées au Maroc. La première est celle du palais saoudien à Anfa, quartier de Casablanca où nous habitions. À la différence de la plupart des muezzins marocains dont je trouvais l'appel à la prière assez rauque, « notre » muezzin – celui de la mosquée quasi mitoyenne de notre maison – chantait admirablement. J'avais même plaisir à l'entendre.

La seconde mosquée à laquelle je pense est celle de Setti-Fatma, nichée dans la vallée de l'Ourika au cœur de l'Atlas. Alors que j'accompagnais un groupe pour une semaine de marche et que nous bivouaquions à proximité du village, des averses torrentielles, rapidement suivies d'une crue de l'oued et de glissements de terrain, nous surprirent dans notre découverte du bourg. Dans la panique générale, nous avons alors cherché à rejoindre le point le plus haut pour échapper à l'eau et aux coulées de boue.

Nous nous sommes ainsi retrouvés sur le toit plat de la mosquée où une pluie de grêle s'est alors abattue, ce qui nous a conduits à nous blottir dans le minaret, à l'abri. La situation était cocasse, mais c'est bien la mosquée qui nous a servi de refuge. Ce jour-là, le 29 août 2006, deux personnes ont été emportées par les flots de la rivière et une cinquantaine de voitures endommagées, voire complètement ensevelies sous la boue.

Trois clés

Mais revenons à la Syrie, même s'il n'y a aucun lien, malgré l'homonymie, entre les alaouites de Syrie qui sont une secte chiite et la dynastie alaouite du Maroc. Tous ceux qui ont pu visiter la Syrie peuvent témoigner de la beauté de ce pays et de l'accueil chaleureux de la population.

C'était d'ailleurs, jusqu'au déclenchement de la guerre, l'un des pays les plus hospitaliers du Moyen-Orient pour les chrétiens qui représentaient encore 8 % de la population. Il existait des villages entiers où l'on parlait l'araméen, la langue du Christ, comme par exemple Maaloula. Vestiges d'un monde quasi disparu et qui aujourd'hui risque réellement de disparaître.

D'un seul coup, il a été décidé qu'il fallait abattre le régime syrien et la France a docilement suivi le mouvement malgré les devoirs qui étaient les siens du fait de son histoire commune, le Protectorat du début du XXe siècle, et sa longue tradition de protection des chrétiens d'Orient qui remonte à saint Louis. Certes, c'est une dictature, mais je n'ai pas su que soudainement, nous ayons déclaré la guerre à toutes les dictatures de la planète. Certes également, une partie de la population souhaite réellement le renversement du régime et une bonne partie de la rébellion armée – l'Armée syrienne libre – est effectivement composée de Syriens.

Néanmoins, comme malheureusement trop souvent dans cette région du monde, les acteurs étrangers, combattants sur le terrain ou financiers à l'abri, y sont également mêlés et semblent avoir décidé d'un seul cœur de redistribuer les cartes, quel qu'en soit le prix pour la population. Trois théories, qui sont autant de clés, peuvent aider à comprendre l'apparente unanimité, Russie et Chine mises à part, dans la décision de ravager la Syrie.

Premièrement, il existe un plan israélo-américain de remodelage du Proche-Orient. Pour mettre fin à des États qui auraient la force de résister aux décisions qu'on leur imposerait – et on le voit bien avec la Syrie, ces États sont capables de résister – le plan consiste à démembrer ces pays pour en faire des petites régions mono-ethniques ou mono-religieuses : une province kurde, une région chiite, une zone alaouite ou sunnite…

Ces micro-États n'auraient évidemment pas les moyens d'entretenir une réelle armée et seraient dépendants, pour leur sécurité, des États-Unis. Il y a eu l'Irak et maintenant, on s'occupe de la Syrie.

Deuxièmement, dans la lutte acharnée qui oppose aujourd'hui les deux branches principales de l'islam, les sunnites et les chiites, l'anéantissement de la Syrie permet de briser l'arc chiite qui part de l'Iran et va jusqu'au Liban avec le Hezbollah en passant par l'Irak, où la majeure partie de la population est chiite, et la Syrie, où la majeure partie de la population est certes sunnite, mais où le régime actuel est aux mains des alaouites, une secte chiite.

Largement financée par les pétromonarchies sunnites de la péninsule arabique, Arabie Saoudite et Qatar en tête, la rébellion syrienne, composée massivement de mercenaires djihadistes étrangers, permettrait ainsi de gagner une manche décisive dans cet affrontement.

Troisièmement, et de manière plus prosaïque, on en revient toujours au pétrole ! Il semblerait que les réserves pétrolières appartenant à la Syrie aient été sous-estimées : elles seraient équivalentes à 2,5 milliards de barils, c'est-à-dire plus importantes que celles de tous les pays environnants, à l'exception de l'Irak.

Il semblerait également que la décision de la Syrie de s'opposer au transit, sur son territoire, d'oléoducs et de gazoducs provenant de la péninsule arabique à destination de la Méditerranée en vue du marché européen, ait quelque peu contrarié les grosses compagnies pétrolières occidentales et *de facto* les pétromonarchies arabiques.

Sans doute approuvée pour ne pas contrarier ses alliés russes, cette décision syrienne signifiait tout simplement son arrêt de mort : dans ce monde, si on a le droit d'être un dictateur, on ne peut définitivement pas s'opposer aux seigneurs du pétrole. Les Américains semblent d'ailleurs décidés à intensifier leur aide à la rébellion, y compris en fournissant directement des armes.

Pour les chrétiens comme pour l'ensemble de la population syrienne, c'est la catastrophe. Déjà 100.000 morts, un million de réfugiés à l'extérieur du pays et trois millions de déplacés à l'intérieur, la nourriture, les médicaments, le mazout, tout vient à manquer ou se monnaye à des prix exorbitants.

Pour le moment, il n'y a pas, sauf exceptions souvent liées aux combattants étrangers, d'attaques spécifiquement ciblées contre les chrétiens, mais que se passera-t-il si le conflit venait à durer ou si le régime venait à tomber ? Les chrétiens ne peuvent s'empêcher de redouter le spectre du scénario irakien.

Une solidarité et une foi accrues

De manière surprenante et hormis pour les alaouites dont la survie est en jeu, la situation chaotique due à la guerre n'a pas débouché sur une exacerbation des tensions communautaires. On a même assisté à des scènes de solidarité, voire de protection, entre musulmans et chrétiens pendant lesquelles les Syriens semblaient mettre en avant leur citoyenneté avant leur religion. Si ce conflit pouvait au moins avoir servi à resserrer les liens entre les différentes communautés, la Syrie y aura tout de même gagné quelque chose, mais à quel prix…

L'espérance, c'est aussi, face aux difficultés et au risque d'un certain affaiblissement, un rapprochement entre les différents rites catholiques et donc une plus grande unité au sein de l'Église. Cet élan existe aussi entre catholiques et orthodoxes, même si leurs relations en Syrie étaient traditionnellement assez bonnes.

On constate aussi un approfondissement de la foi des chrétiens syriens, confrontés aux questions essentielles que font surgir ce genre de situations extrêmes. Cette foi renouvelée et une plus grande unité entre chrétiens ne pourront pas ne pas porter du fruit pour l'Église en Syrie et dans tout le Moyen-Orient.

2

Asie

1. Pakistan
2. Inde
3. Chine
4. Vietnam
5. Philippines

1. Pakistan

Attaque à main armée

Quetta, capitale du Baloutchistan, une des régions du Pakistan. On est près de la frontière afghane, il y a de nombreux talibans. Avec le préfet apostolique, Victor Gnanapragasam, un prêtre Oblat de Marie Immaculée sri-lankais, nous visitons l'école salésienne dont l'AED a financé la résidence des pères.

Les Salésiens viennent d'être cambriolés, l'arme au poing, deux semaines plus tôt. Le père Cristobal, argentin, a été menacé pendant une heure. Assez traumatisé, il a été envoyé se reposer chez lui en Argentine.

On voit le terrain de sport de l'école. Il est entouré d'un mur et de barbelés. On dirait un centre de haute sécurité. On est à la limite d'un quartier « dangereux ». En réalité, assez peu d'Occidentaux viennent ici. D'ailleurs, assez peu de Pakistanais aussi ! La situation est instable, l'atmosphère tendue.

La moitié des chrétiens a quitté le pays

Il faut dire que le Baloutchistan, longtemps délaissé par le gouvernement central, a aujourd'hui des velléités d'indépendance. Riche en ressources naturelles (gaz, minerais) et couvrant 44 % du Pakistan – 347.188 km^2, soit à peu près la taille de l'Allemagne – la région abrite une population qui a conservé une mentalité tribale et qui s'en prend de plus en plus à tous ceux qui viennent d'ailleurs, notamment les nombreux Pendjabis, Pakistanais du Pendjab, région centrale du pays, qui finissent par partir petit à petit.

Pour couvrir cette immense province, le Préfet apostolique dispose de treize prêtres en charge de trente mille catholiques, très dispersés. Sur une carte du Baloutchistan, j'ai un peu l'impression de jouer au Monopoly lorsque le Préfet se lance dans des explications : « Là, il faut acheter du terrain, dit-il, là, on a acheté et il faut construire. Là, il faut une maison pour les catéchistes. Là, on veut une église. Là, il faut une école, seule manière d'entrer en contact avec les musulmans et de se faire accepter. Là, on a vingt-cinq familles, là quarante !... »

Mais dans le reste du pays, la situation n'est guère meilleure. À la messe dominicale à la cathédrale Saint-Patrick de Karachi, la capitale économique du Pakistan, l'enceinte paroissiale assez grande qui permettait de se garer est maintenant fermée aux véhicules par mesure de sécurité. Par expérience, on a peur des attentats. N'entre pas qui veut : des vigiles surveillent les visages connus. Le recteur du Séminaire qui m'accompagne m'assure : « La moitié des chrétiens de Karachi a déjà quitté le pays ! »

Déchiré par la corruption, l'intolérance et la violence, le Pakistan est au bord de l'implosion. Les chrétiens, 2 à 3 % de la population, tentent de survivre dans un pays où les groupes islamiques militants imposent de plus en plus leur loi. Les attaques contre les communautés chrétiennes sont nombreuses et les lois anti-blasphème, véritable épée de Damoclès, les font vivre sous la menace permanente.

Le cas le plus connu est Asia Bibi, cette mère de famille chrétienne qui continue de croupir dans une prison, sous prétexte qu'elle aurait dit du mal de Mahomet. Paysanne travaillant dans les champs, elle a été prise à partie par des musulmanes pour avoir bu avec la même tasse qu'elles au robinet du village, ce qui les dégoûte, les chrétiens étant impurs dans un pays qui se nomme lui-même pays des « purs ».

Sauvée in extremis d'un lynchage en bonne et due forme, elle attend indéfiniment sa libération. La médiatisation de son cas l'a sans doute sauvée dans un premier temps, mais s'est ensuite retournée contre elle : devenue une icône, son acquittement provoquerait immédiatement des manifestations violentes à grande échelle.

Il faudrait citer aussi Shahbaz Bhatti, homme politique chrétien en charge des minorités religieuses, assassiné pour son combat contre ces lois anti-blasphème, le plus souvent appliquées de manière abusive pour n'importe quel motif, y compris pour simplement nuire à une personne à qui vous voulez du mal.

Des musulmans également se retrouvent condamnés par ces lois, même si proportionnellement, ce sont évidemment les minorités religieuses, au premier rang desquelles les chrétiens, qui en paient le plus lourd tribut.

Peut-on alors parler de persécution ? D'une part, il faudrait d'abord définir les termes : à quel moment la discrimination devient-elle de la persécution ? Quoiqu'il en soit, la discrimination, s'il faut utiliser ce mot, est en quelque sorte constitutionnelle : la loi sur le blasphème représente une véritable épée de Damoclès au-dessus de la tête des chrétiens.

D'autre part, les attaques contre les chrétiens sont régulières. Aller à la messe, surtout lors des grandes fêtes de Noël ou de Pâques, relève presque de l'héroïsme : rien ne garantit qu'on en sortira vivant. Enfin, il y a toutes sortes de problèmes : le problème des visas pour les prêtres, le problème pour construire des églises, le problème pour trouver du travail (hormis balayeur)…

Les enfants chrétiens, souvent des familles pauvres, ne vont pas beaucoup à l'école car cela coûte cher et les débouchés pour les chrétiens ne sont pas assurés de toute manière. « La priorité, me dit-on, ce n'est pas l'éducation. La priorité, c'est de survivre ! »

Une religieuse espagnole me confie : « Pour la minorité chrétienne, il est difficile de vivre. Les chrétiens souffrent ici tous les jours, non pas du fait du manque de nourriture ; ils ont de quoi manger, mais ils sont chassés des usines parce qu'ils sont chrétiens ; c'est une situation terrible, impossible à expliquer », dit-elle.

Régulièrement, la religieuse conduit des familles hors du pays, « menacées parce qu'elles sont chrétiennes ». Dépitée malgré l'amour qu'elle porte à ce pays, elle conclut : « Tandis qu'en Europe, on continue à construire des mosquées, j'ai vu tomber les croix de toutes les églises ! Ils veulent que nos temples aient des toits plats, sans croix, afin que l'on ne remarque pas que ce sont des églises. »

Des lumières dans le tunnel

Dans certains pays, il est parfois difficile de trouver des motifs d'espérance. Pour la communauté chrétienne au Pakistan, la sortie du tunnel de la discrimination et de la violence semble désespérément lointaine. Il me semble néanmoins indispensable de souligner ici que tous les Pakistanais ne sont pas d'accord avec cette radicalisation violente de la société pakistanaise et que certains prennent des risques pour changer les choses.

Comment ne pas rendre un vibrant hommage à Salman Taseer, gouverneur musulman du Pendjab, opposé aux lois anti-blasphème et qui paya de sa vie cette opposition à ce qu'il qualifiait de porte ouverte à l'injustice la plus cruelle ? Dans l'Évangile, une béatitude s'applique à ce témoignage : *« Heureux les persécutés pour la justice. »* (Mt 5, 10) Qu'il repose en paix !

D'autres agissent également dans ce sens, à leur niveau. Petit à petit, ces forces, frêles dans l'isolement, prendront de l'ampleur et permettront au Pakistan, nous l'espérons, d'échapper à l'abîme de la haine et de la destruction.

Un exemple parmi d'autres : en 2009, alors qu'une foule hystérique voulait lyncher les chrétiens de Gojra et que ces derniers fuyaient leurs maisons incendiées, de nombreuses familles musulmanes ont généreusement offert un refuge aux chrétiens malgré les risques encourus. L'avenir du Pakistan, c'est là qu'il faut le chercher, dans le courage de s'opposer à la violence et à l'extrémisme.

Et puis, au Pakistan aussi, le christianisme attire. Un évêque me raconte une anecdote : il célébrait la messe dans un village. Il y avait une grande assemblée et tout le monde connaissait les prières, les chants… Au moment de la communion, seules trois personnes se sont avancées : les autres étaient hindoues ! Ils aiment bien le christianisme, mais ne franchissent pas (encore) le pas de la conversion, à cause de la pression sociale, familiale… « Il faut être patient », conclut l'évêque.

2. Inde

Krick et Bourry

Cela fait déjà quelques jours que j'accompagne Mgr Georges Palliparampil dans la visite de son diocèse, le diocèse de Miao, dans l'Arunachal Pradesh, un État indien à l'est du Bangladesh, ce qui est déjà assez surprenant car il m'avait toujours semblé que c'était le Bangladesh qui était à l'est de l'Inde.

On est bien en Inde, même si les Chinois ne sont pas d'accord – sur leurs cartes, c'est déjà la Chine – on est au pied de l'Himalaya et le Brahmapoutre, l'autre grand fleuve indien, a sa source tout près de là. Coincée entre le Tibet et la Birmanie, la population est d'ailleurs tibéto-birmane bien que de nationalité indienne.

Depuis quelques jours, donc, l'évêque, un salésien du Kérala (sud de l'Inde où la proportion de catholiques est bien plus importante que dans le reste du pays), me parle sans cesse, avec son accent typiquement indien, de « cric-n-bouri ». Je n'ai strictement aucune idée sur ce dont il s'agit, m'imaginant mille et une choses, y compris la marque d'une bière locale.

Finalement, je découvre qu'il s'agit de deux missionnaires français des Missions Étrangères de Paris, Nicolas Krick et Augustin Bourry, martyrisés sur place en 1854. À l'époque, ils n'y avaient opéré aucune conversion. Fécondité apparente de leur mission : nulle, archi nulle ! De quoi décourager le plus intrépide des apôtres…

Et pourtant, cent cinquante ans plus tard, l'Église locale, en pleine expansion, se réclame d'eux. Tout a commencé en août 1978, lorsqu'un chef de village, Wanglat Lowangcha, qui avait étudié dans une école catholique à Shillong (près du Bangladesh), s'est publiquement converti. Un an plus tard, le 2 août 1979, dans ce même village, Borduria, 924 personnes reçoivent le baptême.

Quatorze ans plus tard, le 2 août 1993, la première église en dur de l'Arunachal Pradesh y est consacrée, en présence de Mère Teresa. Or, le dernier courrier des missionnaires date d'un 31 juillet… Pour l'évêque, cela ne fait aucun doute : ils sont morts le 2 août et c'est leur martyre qui explique cette éclosion étonnante qui se produit maintenant.

« Les chrétiens sont de la matière explosive »

Fondée par l'apôtre saint Thomas, l'Église en Inde, avec ses 17 millions de fidèles, n'a rien à envier à la « fille aînée de l'Église » : elle est aussi ancienne et compte finalement plus de pratiquants que l'Église en France !

La bienheureuse Mère Teresa, fondatrice des Missionnaires de la Charité, en est la figure emblématique. Missionnaire, c'est la réalité de l'Église en Inde aujourd'hui, avec un nombre considérable de prêtres et de religieuses en mission à l'étranger, à tel point que soutenir matériellement et spirituellement cette Église, surtout la formation, c'est réellement investir pour la mission universelle de l'Église.

Il y a aujourd'hui en Inde environ 24.000 prêtres, la plupart étant relativement jeunes, 6.000 frères dans l'enseignement et 100.000 religieuses. La plupart sont hautement qualifiés (doctorat en théologie et en Écriture sainte). L'Église catholique y compte trois rites : latin, syro-malabar et syro-malankar. C'est une richesse pour l'Église, mais inévitablement une source également de tensions.

Un prêtre indien, boursier de l'AED, me disait que lors de chaque prédication en France, il tenait à expliquer la définition de syro-malabar. De manière humoristique, il démontrait que le « syro » dont il était question ne se buvait pas et que le « malabar » n'était pas avant tout un chewing-gum. Il concluait en disant que si les chrétiens en Inde n'étaient pas des « malabars », c'est-à-dire des costauds, du fait de leur faible nombre, ils étaient costauds dans la foi, fidèles à la pratique et à l'enseignement de l'Église.

Cette fidélité est d'autant plus nécessaire que leur situation est loin d'être paisible. Même si les attaques les plus violentes sont concentrées au nord du pays dans ce qu'on appelle la « Hindi Belt », on note une discrimination rampante contre les chrétiens, même dans le sud, depuis une dizaine d'années.

Cette détérioration est essentiellement le résultat de l'activisme politique du BJP, parti fondamentaliste hindou au pouvoir dans de nombreux États indiens, responsable d'un climat d'impunité régnant quant aux violences commises au nom de l'hindutva, une idéologie de l'extrême-droite hindoue. Au-delà des attaques, force est de constater la tentative de légaliser des restrictions de la liberté religieuse, avec le vote de lois anti-conversion, l'idée étant notamment d'empêcher les hindous de changer de religion.

Cette évolution inquiète l'Église à tel point qu'il y a quelque temps, en recevant l'ambassadeur de l'Inde auprès du Vatican, Benoît XVI avait exprimé que de telles dispositions étaient « contraires aux idéaux les plus élevés des pères fondateurs de l'Inde ».

Reste la violence quasi quotidienne qui finit par exaspérer la communauté chrétienne. Il y a quelques années déjà, et la situation ne s'est pas améliorée, des milliers de chrétiens étaient descendus dans les rues de New Delhi pour protester contre ce qui était perçu comme l'inaction des autorités fédérales face aux violences anti-chrétiennes commises dans le pays. « La violence n'engendre pas la paix », « Laissez les chrétiens vivre et servir », scandaient les manifestants.

Lors de la fête de Noël en 2008, des incidents très violents enflammèrent l'État d'Orissa. Avec cinq églises paroissiales, quarante-huit chapelles, six couvents, trois presbytères, un petit séminaire, dix autres bâtiments d'Église attaqués ainsi que plus de cinq cents maisons détruites, la vague de violence fut cataclysmique. L'ampleur et l'apparente coordination des attaques, ainsi que l'intervention très discrète, voire inexistante des forces de l'ordre, semblèrent indiquer qu'il n'y avait malheureusement rien eu de spontané dans ces tragiques événements.

Alors pourquoi les chrétiens sont-ils ainsi traités en Inde ? Il faut d'abord souligner que la majorité des 1 milliard 200 millions d'Indiens n'ont strictement rien contre eux, les attaques étant le fait d'une minorité d'activistes, en général des fondamentalistes hindous. On peut, me semble-t-il, donner quatre explications principales.

Premièrement, l'Inde est en pleine mutation ; la confrontation avec la modernité et la mondialisation génère des tensions. À ce stade, militer pour le retour d'une pureté fantasmée de l'Inde entièrement hindoue et unie face à « l'autre, l'étranger, l'adversaire » peut s'avérer pertinent. Il sera alors bien commode de disposer d'un bouc émissaire. Les chrétiens sont la cible idéale : après tout, ne sont-ils pas non-violents ? S'en prendre aux rebelles maoïstes par exemple, qui sont une réelle menace pour la sécurité intérieure, serait nettement moins facile : ils sont armés et excessivement violents.

Deuxièmement, même si les chrétiens sont ultra minoritaires – au total, 2,3 % de la population indienne, les catholiques étant environ 1,5 % – leur présence ne passe pas inaperçue, notamment par leur action éducative et caritative. L'Église catholique n'accueille pas moins de vingt millions d'étudiants dans 25.000 établissements et gère 25 % des hôpitaux et centres de soins du pays, ce qui lui procure de manière assez évidente un certain rayonnement.

Troisièmement, il y a en effet des conversions au christianisme, ce qui ne peut que chagriner les fondamentalistes hindous, même s'il s'agit essentiellement de *dalits* (intouchables) et de populations tribales. Même si le nombre de conversions n'est pas anodin, il n'existe à ce jour aucun risque de submersion chrétienne de l'Inde ! Mais peut-être ont-ils raison de se méfier…

Quatrièmement, et c'est sans doute la raison essentielle, le christianisme représente une réelle menace pour le système des castes. L'Évangile prône une égale dignité de tous : c'est simplement la négation totale du principe des castes. Le cardinal Telesphore Placidus Toppo, archevêque de Ranchi et alors président de la Conférence épiscopale indienne, allait jusqu'à dire que les chrétiens étaient de la « matière explosive » dans le système des castes.

Avec leurs programmes de formation et d'aide sociale et sanitaire pour les populations hors castes, l'Église a en effet favorisé leur décollage. Si tous les hors-castes et les groupes tribaux devenaient chrétiens, ils pourraient croître à 200 millions, estimait le Cardinal, menaçant ainsi l'hégémonie du système traditionnel des castes.

Le conflit dans l'État d'Orissa, qui a causé un véritable « tsunami humain » selon Mgr Toppo, était focalisé sur la religion, mais les causes profondes étaient en réalité économiques et politiques. Elles seraient liées aux prêts à usure que les organisations nationalistes accordent aux plus pauvres dans les communautés tribales et parmi les *dalits*, ce qui ruine des familles entières, enchaînement assez commode lorsque l'on cherche à maintenir les gens dans l'esclavage. C'est un système d'exploitation largement répandu en Inde, semble-t-il.

Le problème des castes se retrouve malheureusement jusqu'à l'intérieur de l'Église, même si de réels efforts sont faits pour corriger ce phénomène : jusqu'au XXe siècle, tous les prêtres et les évêques étaient de haute caste… Cela prend du temps et l'on s'aperçoit que la conversion nécessite parfois une transformation culturelle tout de même très exigeante.

***

Reste le problème des femmes en Inde. L'Église dérange également par son action opiniâtre en faveur des femmes, dont la situation a empiré ces dernières années. Toutes les sept minutes, une femme meurt pour des causes liées à la grossesse, tandis que l'élimination volontaire des fœtus féminins a atteint des proportions dramatiques.

Selon un récent rapport de l'UNICEF, 71.000 enfants naissent chaque jour en Inde, mais seules 31.000 sont des filles. Ce déficit d'au moins 5.000 filles par jour signifie près de 2 millions de filles en moins par an !

En janvier 2013, l'archidiocèse de Mumbai (Bombay) lançait une campagne intitulée « *37 million Diyas* » (37 millions de lumières) en faveur des femmes en Inde. 37 millions, c'est le nombre de femmes « manquant à l'appel » dans le pays aujourd'hui du fait des avortements, infanticides, violences et manque de soins qui sont le lot de la condition féminine dans un pays où le développement économique et social masque l'immobilisme des mentalités.

Une fille, c'est à terme une dot à payer et certains parents sont prêts à tout aujourd'hui pour y échapper, y compris la transformer en garçon. Des médecins indiens ont ainsi été accusés d'effectuer des opérations chirurgicales de changement de sexe sur des petites filles pour des parents souhaitant un fils afin d'améliorer les perspectives de revenus de leur famille.

Pour Ranjana Kumari, du Center for Social Research, « la transformation chirurgicale de filles en garçons, sans leur consentement éclairé, est le signe que l'Inde sombre dans une "folie sociale" alors que le pays connaît déjà un déséquilibre important entre les sexes du fait des avortements sélectifs ».

Et les chiffres s'aggravent… « Plus on est instruits et riches, plus on tue les filles », explique-t-elle, dénonçant l'actuel « fœticide féminin ». Pour endiguer le rejet des filles, le gouvernement indien devrait « souligner la richesse spirituelle qu'une fille apporte à une famille, mais aussi soutenir celle-ci par des aides financières et l'emploi », ajoute-t-elle. Le gouvernement semble avoir pris conscience de la gravité de la situation puisqu'il vient de décider d'offrir 5.000 $ aux mamans qui auraient une fille, espérant ainsi en sauver 100.000 par an.

« L'Église ne fait que commencer ! »

Retour à l'Arunachal Pradesh. Là, comme ailleurs en Inde, et malgré tous ces obstacles, l'Église se développe. C'est pourtant le premier État de l'Inde à avoir promulgué une loi anti-conversion en 1978. « Jusqu'à présent, les baptêmes y sont interdits », affirme Mgr John Thomas Kattrukudiyil, évêque d'Itanagar.

Pourtant, le diocèse compte aujourd'hui près de 100.000 catholiques, « et leur nombre est en train d'augmenter, dit-il, à tel point que les chrétiens sont même devenus un objectif pour les hommes politiques. D'ici trois ou quatre ans, tous les villages de mon diocèse devraient être entrés en contact avec l'Église. Pour atteindre cet objectif, je souhaite former quelque 150 nouveaux catéchistes ». Le diocèse d'Itanagar, érigé en 2003, compte

660.000 habitants. Actuellement, cinquante prêtres diocésains et religieux servent les fidèles dans dix-sept paroisses.

Dans le diocèse voisin, le diocèse de Miao, c'est la même chose. Plus de 50.000 catholiques aujourd'hui alors qu'il n'y en avait pas du tout il y a vingt-cinq ans. Pour Mgr Palliparampil, arrêté à quatre reprises après avoir travaillé plusieurs années clandestinement, « l'Église ne fait que commencer ! ».

À la messe du dimanche à Lazu, à quelques kilomètres de la frontière birmane, l'église est bondée : l'évêque procède à près de 300 confirmations, puis 30 premières communions. On est à la montagne, la population est essentiellement tribale et chaque tribu a sa propre culture, sa propre langue, ses propres danses et vêtements, mais tous reçoivent le même Esprit Saint. « Dans ce diocèse, tous les dimanches, il y a des conversions et des baptêmes », me confie l'évêque.

L'évêque a choisi pour devise : *« Que votre lumière brille ! »* (Mt 5, 16), un choix assez naturel pour l'Arunachal Pradesh, qui signifie « Pays du soleil levant »… Il semble avoir gagné son pari. La loi anti-conversion reste en vigueur, mais son application est chaque jour un peu plus démentie. En réalité, personne ne peut présenter un texte de loi rendant caduque la loi anti-conversion, ce qui provoquerait un tollé, notamment de la part du BJP, donc on s'en satisfait.

La bienheureuse Mère Teresa reste la sainte de référence du subcontinent ; cependant, elle n'était pas originaire de l'Inde, même si elle avait obtenu la nationalité indienne en 1951. La première sainte autochtone fut sainte Anna Muttathupadam, une sœur originaire du Kerala, canonisée par Benoît XVI en 2007. Une preuve concrète et visible que la foi catholique s'enracine en Inde.

Le Nonce, rencontré lors de mon voyage à New Delhi, m'a dit avoir rêvé du jour où des milliers d'Indiens viendraient se faire baptiser dans le Gange… L'Église en Inde va nous surprendre !

3. Chine

Trente-deux ans en prison

Il est cinq heures du matin et dehors, il neige. Nous sommes début février à Tianjin, au nord de la Chine, et il fait très froid. Logé avec quelques camarades étudiants comme moi dans un campus universitaire assez éloigné du centre, je veux aller à la messe, c'est dimanche et les messes sont célébrées très tôt dans ce pays. Emmitouflé, me voilà parti seul avec l'espoir de retrouver l'église catholique repérée la veille dans la vieille ville.

Après un quart d'heure de marche dans la nuit noire de la campagne avoisinante, une petite heure de bus, puis à nouveau de la marche, j'aboutis enfin à l'église. La messe est déjà bien avancée, ils en sont au Notre Père et il est probable que la paroisse soit gérée par l'Association patriotique, c'est-à-dire l'Église contrôlée par le gouvernement, mais au vu des efforts déployés et devant le constat que je n'avais pas vraiment d'autres possibilités pour assister à l'eucharistie, je considère à ce moment-là que, en ce qui me concerne, la messe est valide !

Nous sommes en 1990, huit mois après les événements de Tian An Men, et nous sommes là dans le cadre d'un échange universitaire car nous apprenons le chinois. À cette époque, il n'y a pas (encore) beaucoup d'étrangers en Chine, ma présence à la messe ne passe pas inaperçue.

Dix-huit ans plus tard, je cherche par contre à passer le plus inaperçu possible : je rends visite à un prêtre clandestin. Dans son petit appartement de Shanghaï, le microscopique salon sert de chapelle. Il y a un petit autel, de grandes images de la Vierge Marie et de la petite Thérèse, ainsi qu'une photo de Jean-Paul II. Le ventilateur brasse l'air lentement. On est arrivé discrètement. « Doucement », m'a soufflé mon contact chinois en entrant dans la cour.

Le père Zhu est resté trente-deux ans en prison. Son crime ? Avoir voulu, envers et contre tout, rester fidèle à Rome et pour cela, avoir refusé de rejoindre l'Association patriotique. « Dans ma famille, dit-il d'un air songeur, nous sommes six frères et sœurs. Nous avons tous été en prison pour un total de cent quarante-six ans ! »

Nulle présomption dans ce décompte lugubre, on sent qu'il a énormément souffert. Le *laogai*, goulag chinois, est une machine qui dévore ses hôtes en cherchant expressément à les casser et à les endoctriner pour les ramener sur le « droit chemin ».

Je lui demande comment on peut survivre à trente-deux ans de prison. « Je me suis confié à l'amour de Dieu et de la Vierge, répond-il. Si j'avais renié ma foi, j'aurais pu sortir tout de suite. » Chaque jour, pendant trente-deux ans, il savait qu'il pouvait « sortir tout de suite »... Quand j'entends critiquer le Saint-Père, même au sein de l'Église, je ne peux m'empêcher d'immédiatement repenser à ce prêtre chinois.

Le Pape, combien de divisions ?

Poids lourd de la scène mondiale dans pratiquement tous les domaines, qu'ils soient démographique, diplomatique ou économique, la Chine représente également beaucoup pour l'Église catholique. Même si les résultats de l'investissement de l'Église sur ce pays se font attendre, on peut être certain que l'Église poursuivra ses efforts et que ceux-ci, un jour, aboutiront.

Vue de Pékin, c'est l'histoire du nain et du géant ou du pot de terre contre le pot de fer… Que représente le Vatican pour la Chine ? Un microscopique territoire, plus de 21 millions de fois plus petit que « l'Empire du milieu », qui est le nom chinois de la Chine. S'entend bien sûr l'Empire du milieu du monde, c'est-à-dire en effet le centre du monde. Quelle importance peut bien avoir ce dérisoire terrain de banlieue romaine, plus petit que la Cité interdite au cœur de Pékin ?

Vient ensuite la démographie. Là, le Vatican fait un peu mieux, avec ses 1,18 milliard de fidèles, mais la Chine s'en moque éperdument. Après tout, n'y a-t-il pas 1,31 milliard de Chinois ? « Le Pape, combien de divisions ? », demandait Staline. Alors, bien sûr, Dieu est plus grand que les mathématiques. Pour Lui, 3 = 1 et les caciques du Parti communiste chinois ne doivent pas l'impressionner plus que cela, mais pour les Chinois, cela ne change rien.

Reste enfin l'économie. Si l'on additionnait les volumes financiers brassés par l'Église catholique partout dans le monde, et pas seulement le budget du Vatican, on serait surpris par l'importance colossale du résultat.

Ce montant n'est pas un capital dont l'Église serait propriétaire ou qui lui serait destinée comme actionnaire, il est au service de la mission pastorale de l'Église et pour une bonne partie au service des plus pauvres dont s'occupe l'Église.

Il n'en demeure pas moins que du point de vue économique, l'Église catholique dans le monde pèse suffisamment pour mériter le respect de n'importe quel matérialiste pour qui le critère ultime de réussite réside dans la puissance financière. Mais pour les Chinois, le Vatican souffre néanmoins d'un grave handicap : il n'achète rien ! Malgré son poids financier respectable, le Vatican ne consomme pas et n'est donc pas un bon client de produits *Made in China.*

En réalité, la Chine, qui est maintenant fortement présente dans le monde entier, connaît très bien l'action et l'influence de l'Église, mais ne considère pas, tout compte fait, qu'elle représente quoi que ce soit de fondamental dans sa stratégie de conquête économique et politique. Est-ce que la Chine sous-estime sincèrement le rôle du Vatican ou feint-elle de l'ignorer ? Le résultat dans tous les cas est le même et cela lui permet de gérer sa politique religieuse comme elle l'entend, en se moquant des protestations étrangères, quelles qu'elles soient.

Après tout, pourquoi la Chine s'en ferait-elle ? L'a-t-on empêchée d'entrer à l'OMC ou de recevoir les Jeux Olympiques sous prétexte que la liberté religieuse n'y était pas satisfaisante ? Que pèse, encore une fois, l'homme en blanc du Vatican par rapport aux consommateurs et aux traders de la planète ? Il y a la place Saint-Pierre et il y a les places financières, celles de New York, Londres et Tokyo, pour ne citer que celles-là ; la Chine sait en qui elle a mis sa confiance…

***

Vue de Rome, la réalité est tout autre : la Chine est devenue l'une de ses priorités et est appelée à le demeurer pour le siècle qui vient. Les raisons de cet attachement sont nombreuses, notamment historiques, mais s'expliquent essentiellement par l'avenir et les enjeux pour le christianisme de réussir sa percée dans ce géant de l'Asie.

Historiquement, en effet, la Chine serait l'un des tout premiers pays christianisés du monde. Lors du récent colloque organisé par l'AED en partenariat avec Eecho (Enjeux de l'étude du christianisme des origines) en novembre 2012, quelques intervenants parmi lesquels Pierre Perrier ont montré, avec de multiples arguments et exemples, que l'apôtre Thomas aurait bien évangélisé une petite partie du territoire chinois entre l'an 65 et l'an 68.

L'évangélisation se fera ensuite en vagues successives, des nestoriens aux expéditions franciscaines du XIIIe siècle et des jésuites de Matteo Ricci aux missions des MEP du XIXe siècle, le gros de l'effort, en termes de volume, étant réalisé dans la première moitié du XXe siècle.

En 1926 sont ordonnés les six premiers évêques chinois, consacrés à Saint-Pierre de Rome par le pape Pie XI. Vingt ans plus tard, Pie XII divise la Chine en 20 archevêchés et 79 évêchés et crée le premier cardinal chinois, Mgr Tian Gengxin, archevêque de Pékin.

L'Église de Chine compte alors 3,2 millions de fidèles, 5.500 prêtres dont la moitié sont chinois. Puis c'est la rupture sous Mao avec la création en 1952 de l'Association patriotique des catholiques, une Église nationale aux ordres du gouvernement. Depuis, les tentatives de la part du Vatican de renouer avec Pékin n'ont jamais cessé.

Le 27 mai 2007, Benoît XVI publie une *Lettre aux catholiques de Chine.* À ma connaissance, c'est le seul pays qui ait eu l'honneur d'une telle missive. Qui plus est, le Saint-Père propose dans cette lettre que la journée du 24 mai devienne, pour les catholiques du monde entier, une invitation à s'unir par la prière à l'Église qui est en Chine. C'est tout à fait unique et cela exprime merveilleusement la sollicitude de l'Église pour ce pays. Nous sommes donc tous concernés !

Il existe également un aspect symbolique à cet attachement. Le christianisme est né en Asie, mais, paradoxalement, c'est le continent aujourd'hui où les chrétiens sont les moins nombreux. À part les Philippines, où les catholiques sont majoritaires, seuls le Vietnam et la Corée du Sud avoisinent les 8 à 10 % de population catholique, tous les autres pays asiatiques étant largement en-dessous. Si le plus grand, et le plus peuplé, des pays d'Asie se décidait à ouvrir les portes au Christ, cela aurait certainement des répercussions sur tout le continent.

Pour ne donner qu'un seul exemple, le Vietnam, malgré ses différends territoriaux avec la Chine, calque sa politique religieuse sur celle de son grand voisin septentrional. Le cardinal de Saïgon, Mgr Jean-Baptiste Pham Minh Mân, rencontré en novembre 2008, me disait qu'il était peu probable que le Vietnam établisse des relations diplomatiques avec le Vatican avant que la Chine ne le fasse.

On voit l'importance du facteur diplomatique, d'autant que l'importance économique de la Chine la transforme petit à petit en géant incontournable. L'Église catholique est partout dans le monde, mais la Chine l'est également de plus en plus. Une normalisation des relations serait a priori profitable aux deux, c'est du moins l'avis du Vatican.

L'aspect symbolique joue aussi sur la doctrine idéologique du pays, qui professe un athéisme militant, un environnement que l'on croyait enterré avec le siècle précédent, mais qui perdure dans certains pays totalitaires, en général d'inspiration communiste. Le renoncement à une politique ouvertement antireligieuse serait un grand pas dans la reconnaissance de l'importance de la liberté religieuse pour laquelle le Vatican milite activement.

Un autre élément n'est pas à sous-estimer et concerne plus directement la discipline intérieure de l'Église. Depuis 1952, l'Église en Chine vit coupée en deux, avec la partie officielle que l'on peut qualifier de schismatique, même si ce schisme a été imposé et instrumentalisé de l'extérieur, et la partie clandestine qui, envers et contre tout, a voulu conserver l'union avec Rome et qui en a payé, qui en paie toujours, un prix élevé en termes de persécutions.

La volonté expresse du Vatican est de mettre fin à cette douloureuse blessure et de permettre à l'Église en Chine de retrouver son unité. Ne serait-ce que dans ce seul but, la Chine représente bien une priorité pour l'Église.

Reste enfin la démographie avec presque un être humain sur cinq qui habite en Chine. Dans ce gigantesque réservoir de population, on peut imaginer qu'une partie pourrait être sensible au message du christianisme.

Déjà, le nombre de catholiques a été multiplié par quatre depuis l'arrivée de Mao en 1949, c'est-à-dire au même moment que des persécutions d'une rare intensité. Et aujourd'hui, on voit bien qu'une soif spirituelle se développe dans une société gangrenée par l'appât du gain et en quête de sens.

***

Concernant la persécution, où en sommes-nous aujourd'hui ? Il faut d'abord se replacer dans la dynamique révolutionnaire qui est à l'origine de la République populaire. Lorsqu'on cherche à faire un parallèle entre les révolutions maoïste et française, on s'aperçoit que les passerelles ne manquent pas, tant il est vrai que l'expérience française a largement servi de matrice pour les totalitarismes du XXe siècle, notamment en ce qui concerne la question religieuse.

À part l'interlude, très rapide, du culte de la Raison en France, qui n'a pas pris en Chine, il y a eu dans un premier temps la création d'une Église nationale assermentée dans les deux pays, puis dans un deuxième temps l'interdiction totale de toute manifestation religieuse, sous la Terreur comme sous la Révolution culturelle, ensuite, dans un troisième temps, l'autorisation à nouveau de la pratique, car on s'est aperçu qu'il était plus facile de contrôler les activités légales que celles entrées en clandestinité, et enfin une quatrième étape, la normalisation des relations avec le Vatican, sous forme de concordat en France, une étape que nous attendons toujours pour la Chine. Napoléon a compris tout l'intérêt qu'il avait à rétablir la paix religieuse en France, le Parti communiste n'a pas encore trouvé en quoi cette normalisation pouvait lui être bénéfique.

La constitution de 1984 reconnaît aux Chinois la liberté d'embrasser une religion, dès lors qu'elle est au nombre des cinq reconnues : taoïsme, bouddhisme, catholicisme, protestantisme et islam, lesquelles sont intégrées à des structures nationales contrôlées *de facto* par le gouvernement. Les dirigeants chinois ne cessent de faire appel au « renouveau spirituel » de la société qui ne doit pas se laisser absorber par le « matérialisme », tout en assurant une étroite surveillance des activités religieuses et donc, en réalité, une conception toute relative de la liberté religieuse.

Les autorités continuent de dénoncer les prétendus « rapports avec des forces étrangères qui interfèrent dans les affaires intérieures » de la Chine. Parmi ces « forces étrangères », il y aurait le Vatican, les musulmans (Xinjian), les Tibétains (Tibet) et les Mongols (Mongolie intérieure). Il est intéressant de noter que dans tous les cas, sauf pour le Vatican, la problématique se trouve renforcée par des questions territoriales, qui rendent *de facto* toute issue plus sensible et complexe. Rien de tel pour les catholiques qui ne revendiquent aucun territoire ni même aucune disposition particulière, simplement la possibilité d'être des citoyens non-discriminés du fait de leur religion.

Concernant l'Église catholique, il y aurait encore de nombreux évêques et prêtres incarcérés. « J'ai une grande espérance pour l'Église en Chine », déclare le père Zhong de la communauté clandestine du Yunnan, « car nous avons beaucoup de martyrs »… L'ostracisme à l'encontre des évêques de l'Église souterraine se poursuit, même après leur mort. Tout est fait pour empêcher les communautés souterraines de célébrer leurs obsèques. L'Association patriotique fait régulièrement participer les évêques à des congrès, rencontres, séminaires et sessions politiques, au cours desquels ils subissent un lavage de cerveau, sans compter tout le temps perdu pour leurs tâches pastorales.

Le pèlerinage national à Sheshan, sanctuaire marial le plus important de Chine près de Shanghaï, est fortement limité par toutes sortes d'obstructions de la part des forces de l'ordre. La situation s'est même détériorée depuis le 7 juillet 2012, date de l'ordination du nouvel évêque auxiliaire de Shanghaï, Mgr Ma Daquin.

Une fois ordonné, ce dernier a publiquement déclaré qu'au vu de ses nouvelles responsabilités épiscopales, il ne pouvait plus faire partie de l'Association patriotique dont il démissionnait sur-le-champ. En clair : une déclaration de guerre ! Depuis, Mgr Daquin est en résidence surveillée et tout le diocèse a été soumis à une intense session de rattrapage « patriotique » et de ré-endoctrinement.

Le site du Vatican en langue chinoise a été inauguré le 19 mars 2009, fête de saint Joseph, mais il est régulièrement rendu inaccessible. Les conflits au sujet des biens ecclésiastiques sont récurrents, les autorités locales cherchant à réquisitionner les terrains appartenant à l'Église pour les mettre à leur nom et réaliser de fructueuses opérations immobilières, au mépris des lois chinoises.

Enfin, la politique consistant à semer la discorde entre catholiques officiels et souterrains se poursuit sans relâche. Les ordinations en sont l'expression la plus visible, les évêques subissant des pressions pour concélébrer avec des évêques illégitimes et excommuniés *latae sententiae.* Sous forte protection des forces de l'ordre, ces cérémonies sèment le trouble parmi les ecclésiastiques et les fidèles.

Dix mille conversions par jour

Quel peut alors être l'avenir du christianisme en Chine ? Premier scénario, la situation empire. Face à une tension sociale croissante et des revendications exprimées de plus en plus ouvertement, le gouvernement décide un tour de vis radical et en profite pour remettre au pas toutes les organisations, y compris l'Église catholique, qui pourrait très bien se retrouver à nouveau totalement interdite, comme sous la révolution culturelle.

Le précédent russe, où l'action du Vatican, à travers la figure de Jean-Paul II, a été significative dans l'effondrement du système, reste encore bien présent à l'esprit du Parti communiste chinois. Néanmoins, on voit difficilement comment cette interdiction totale pourrait avoir lieu de nos jours. En termes de communication, cela produirait un effet désastreux, même si la situation actuelle, guère brillante, ne suscite aucune réaction…

Deuxième scénario, rien ne bouge. On reste sur cette ambiguïté actuelle où le gouvernement chinois souffle le chaud et le froid au gré de ses humeurs, mais avec un objectif précis, conserver à tout prix le contrôle de l'Église.

L'Association patriotique continue à s'immiscer complètement dans les rouages de l'administration ecclésiale et fait tout son possible pour empêcher un rapprochement avec le Vatican, sachant que le jour où le statut de l'Église catholique en Chine sera régularisé, elle sera dissoute.

Dans ce scénario, l'Église clandestine poursuit sa lutte pour rester fidèle à Rome, avec le risque de se ghettoïser malgré de nouvelles recrues, et l'Église officielle continue de subir des pressions fortes, notamment avec la nomination d'évêques favorables au régime, ce qui présente, à terme, un grand risque de corruption interne de la hiérarchie ecclésiale, comme en témoigne Mgr Savio Hon Tai Fai, secrétaire de la Congrégation pour l'évangélisation des peuples : « Le climat est vraiment difficile, et pas seulement en raison du contrôle du gouvernement. Ce qui est en cause est aussi une certaine faiblesse à l'intérieur de l'Église. Un prêtre ambitieux, carriériste, peut être reconnu par le gouvernement. Plus tard, il pensera pouvoir attendre le pardon de Rome. »

Dernier scénario : un concordat est signé, la situation de l'Église catholique est enfin régularisée et la communion avec Rome rétablie. Même si, à court terme, on ne voit pas très bien les signes annonciateurs d'une telle amélioration, rien ne nous interdit d'espérer. N'oublions pas que Benoît XVI situait la solution de la question des relations entre Rome et Pékin comme l'un des devoirs majeurs de son pontificat et que ce dossier reste *de facto* une priorité.

***

« Si c'est la volonté du Ciel, la vérité prévaudra », disait Confucius. La Chine appréhende le monde et la relation à l'autre d'une manière particulière. Confrontée à de fortes tensions intérieures et à des revendications centrifuges, elle s'impose de verrouiller toute tentation d'autonomie.

L'Église catholique revendique cette autonomie, même si elle n'est pas antinomique, selon elle, avec le respect dû aux autorités du pays. Par ailleurs, même si l'Église en Chine est entièrement chinoise, ses origines étrangères ne lui sont pas encore pardonnées, d'autant que les missionnaires sont arrivés en même temps que les canonnières…

Quand ce double handicap sera-t-il surmonté ? Dans le désarroi culturel et social de la Chine d'aujourd'hui, peut-être que la soif spirituelle d'un côté et une stratégie gouvernementale de moralisation de la société de l'autre finiront par se rencontrer. Ce qui aura été semé au cœur de si lourdes épreuves pourra alors éclore et la fécondité des si nombreux martyrs de la foi dans ce pays pourrait alors se déployer en une véritable pentecôte.

D'ores et déjà, « on estime », selon le professeur Li, directeur du département des théories religieuses à l'université Renmin de Pékin, « que 10.000 Chinois se convertissent chaque jour au christianisme. La Chine pourrait devenir demain le plus grand pays chrétien au monde, avec peut-être 200 millions de croyants d'ici à 2050 ».

4. Vietnam

Une messe dans la baie d'Halong

Hanoï, la capitale du Vietnam, novembre 2008. Avec les vingt-cinq « pèlerins » de notre voyage d'étude dans le pays où nous alternons prière (messe quotidienne, chapelet), culture (conférences, rencontre de communautés locales) et tourisme, nous avons rendez-vous avec l'archevêque, Mgr Joseph Ngo Quang Kiet.

L'atmosphère est un peu tendue, l'archevêque est plus ou moins en résidence surveillée, contrôlé comme tous les évêques et le clergé du Vietnam, mais d'autant plus surveillé que ses récentes prises de parole ont dérangé les autorités, notamment en ce qui concerne les restitutions de propriétés catholiques confisquées par le gouvernement, à commencer par le terrain de la Nonciature, jouxtant immédiatement son évêché.

Le terrain, qui comporte un grand jardin, devait être transformé en supermarché, mais ce projet immobilier juteux sera finalement annulé et remplacé, devant l'opposition tenace de l'Église, par un jardin public, c'est-à-dire une solution de compromis. L'archevêque nous touche car nous savons qu'il paie le prix de son courage. Après cette rencontre, nous serons d'ailleurs suivis d'un peu plus près…

Quelques jours plus tard – ce sera une partie plus touristique – nous passons vingt-quatre heures dans la baie d'Halong, une des merveilles naturelles du monde, dont la nuit sur une belle jonque en bois. À l'aube, nous célébrons l'eucharistie sur le pont de la jonque dans ce cadre mythique avec le soleil levant, un moment inoubliable pour tous les pèlerins.

Nous passons dix jours au Vietnam et chaque jour est « patronné » par un saint français martyrisé dans le pays, dont nous écoutons religieusement la biographie avant de prier pour son intercession. Le nombre de martyrs est beaucoup plus élevé, mais seuls dix Français ont été canonisés, tous appartenant aux Missions Étrangères de Paris, le plus connu étant sans doute Théophane Vénard, martyrisé le 2 février 1861 à Hanoï.

Un an et demi plus tard, le 13 mai 2010, l'archevêque, depuis longtemps en conflit avec le gouvernement, démissionnera, bien que n'ayant que cinquante-huit ans, officiellement pour raisons de santé. La tension politique dont il était l'objet l'aura sans doute prématurément usé, mais certains pensent qu'il aura fait les frais d'un accord diplomatique permettant à terme au Vatican de nommer un représentant au Vietnam. Dans sa *Lettre d'adieu* au diocèse de Hanoï, l'archevêque démissionnaire rappellera qu'il a vécu des « moments de tempête » où « notre vie était menacée ».

Une Église sous surveillance

Comme en Chine, les autorités politiques veulent contrôler et déterminer les nominations d'évêques catholiques, mais, au Vietnam, cette procédure est codifiée par un accord avec le Saint-Siège. Lorsqu'un diocèse est vacant, Rome présente trois candidats et les autorités vietnamiennes excluent ceux qui ne leur conviennent pas.

Là aussi, il y a eu la volonté de créer une Église nationale, mais les catholiques étant plus nombreux et sans doute plus unis, l'Église a réussi à échapper à ce piège fatal. Avec près de huit millions de catholiques, soit un peu plus de 8 % des 92 millions d'habitants du pays – c'est-à-dire un pourcentage élevé pour l'Asie – l'Église catholique y est en effet forte et vivante. Et chaque année, on compte plusieurs milliers de baptêmes d'adultes et un grand nombre de nouvelles vocations religieuses et monastiques.

Malgré des années de quotas très restrictifs – aujourd'hui assouplis – pour le nombre d'entrées dans les séminaires, les vocations sacerdotales y sont également nombreuses et de qualité.

De plus, les catholiques vietnamiens sont très actifs dans la sphère publique, même s'ils restent confrontés aux sévères limitations du régime communiste qui continue de les contrôler avec fermeté. Ces dernières années, ils ont intensifié leur action, toujours pacifique, faite de veillées, de processions, de prières.

Mais l'opinion publique internationale en est très peu informée, bien qu'elles mobilisent des centaines de milliers de personnes, beaucoup plus, par exemple, que les manifestations bouddhistes qui ont eu lieu en Birmanie il y a quelques années et dont on avait parlé bien davantage.

Un silence auquel contribue, il faut le reconnaître, l'extrême prudence avec laquelle agit le Vatican ; celui-ci souhaite en effet approfondir le dialogue avec les autorités vietnamiennes de manière diplomatique afin de voir élargies les marges de manœuvre de l'Église sur place. Dialogue d'autant plus fragile que le gouvernement vietnamien continue de regarder du côté de Pékin pour sa politique étrangère, y compris en ce qui concerne ses relations avec le Vatican, ce que me confirmera le cardinal Jean-Baptiste Pham Minh Mân, archevêque de Ho Chi Minh Ville, rencontré à son évêché.

En attendant, demeure l'épineuse question de la restitution des biens ecclésiastiques. Au moment de la réunification du Nord et du Sud en 1975, l'Église avait obtenu du gouvernement la garantie que ses propriétés ne seraient pas détruites, dans l'espoir de pouvoir les récupérer un jour. Globalement respectés jusqu'en 2007, ces accords ont été de plus en plus difficiles à tenir par le gouvernement qui en conteste désormais le principe même.

La forte croissance économique et l'inflation ont favorisé la spéculation foncière, dans laquelle les « nouveaux riches », essentiellement des cadres du Parti communiste, se sont engouffrés avec avidité. L'Église, qui n'a pas l'intention de renoncer à ses droits, se trouve donc en confrontation directe avec le pouvoir.

L'enjeu principal de la réclamation de ses biens confisqués est l'accroissement des communautés paroissiales. Privées d'espace et de bâtiments, certaines paroisses ont du mal à accueillir les fidèles, de plus en plus nombreux avec l'exode rural, les migrations internes et les conversions lors de mariages mixtes.

Mais pour certains observateurs, ces conflits immobiliers, alimentés par le régime, ne sont en réalité qu'un prétexte pour discréditer les catholiques et lutter contre l'influence de l'Église. « Le pouvoir voit dans l'Église un lieu de liberté, une liberté que tous les Vietnamiens désirent, m'a-t-on dit. Alors, il l'opprime en usant d'intimidation et de violence pour enrayer la contagion. » Car au-delà des revendications sur les biens confisqués, les catholiques dans leur combat ont donné, sans le vouloir, une bouffée d'oxygène à une société sous contrôle, qui ose rarement exprimer ses droits.

Diplomatie et évangélisation

Pour l'Église au Vietnam, 2010 aura été une année spéciale dont les fruits ne manqueront pas d'éclore. Année jubilaire, deux anniversaires y étaient fêtés : d'une part, les trois cent cinquante ans de la création des deux premiers vicariats apostoliques du pays et, d'autre part, les cinquante ans de l'établissement au Vietnam d'une hiérarchie ecclésiastique complète par Jean XXIII (le 24 novembre 1960).

Une visite de Benoît XVI avait un temps été envisagée, mais cet espoir s'était rapidement évaporé, les conditions pour le succès d'un tel voyage n'étant toujours pas réunies. Reste que le simple fait d'avoir évoqué la possibilité d'une telle visite est déjà en soi une bonne nouvelle.

Autre motif d'espérance, la nomination en janvier 2011 d'un représentant non-résident du Vatican auprès du gouvernement vietnamien, c'est-à-dire un pas décisif en vue du plein établissement de relations diplomatiques.

Entre le Saint-Siège et le Vietnam, il existe désormais un groupe de travail conjoint efficace dont la mission est de faciliter les contacts et d'œuvrer pour une résolution des différents problèmes en suspens.

En janvier 2013, le secrétaire général du Parti communiste vietnamien, Nguyen Phu Trong, accompagné d'une délégation de dix membres, était reçu en audience privée par Benoît XVI. Cette rencontre exceptionnelle tendrait à prouver que le dialogue entre Hanoi et le Vatican progresse.

Peu de temps après, la Conférence épiscopale du Vietnam publiait une lettre concernant la refonte de la Constitution du pays. « Je me réjouis, confiait alors le cardinal Mân, de voir que les évêques n'ont pas emprunté la voie de la lutte politique et se sont détournés de l'affrontement et de l'exclusion mutuelle. »

Véritable contribution de l'Église à l'amélioration de la vie du peuple vietnamien dans les domaines de la culture, de l'éducation, de l'économie et de la politique, cette initiative sans précédent a été saluée, d'autant plus qu'elle était positive et constructive.

Enfin, l'Église ne se repose pas sur ses lauriers et veut développer une pastorale de « réévangélisation » pour deux générations de catholiques qui gardent, certes, un attachement à la religion, mais pas forcément à la foi. Deux générations qui, par les pressions du gouvernement, l'éducation athée des enfants et des jeunes, ont de fait perdu la foi. Certaines paroisses se sont vidées. Des catholiques ont fini par se laisser influencer par les slogans du Parti, du genre : « Attendez votre retraite pour penser aux questions religieuses ! ».

À Hanoi, par exemple, il n'y a plus que 3 % de catholiques, une proportion bien inférieure à la moyenne nationale, d'où la nécessité d'un énorme effort d'éducation religieuse et de formation chrétienne mené par des catéchistes et des prêtres, eux-mêmes bien formés. C'est là un grand défi à relever, mais l'Église au Vietnam, on l'aura compris, ne se laisse pas impressionner.

5. Philippines

« Personne ne vient jamais ici ! »

À mi-chemin entre les tristement célèbres îles de Mindanao et Jolo, dans le sud des Philippines, l'île de Basilan est un confetti dans la mer des Célèbes. Sur le quai du port d'Isabela, chef-lieu de l'île, Mgr Martin Jumoad vient me saluer.

En réalité, il est un peu surpris de me voir là, n'étant pas certain que je parviendrais jusqu'à lui. En m'accueillant chaleureusement, il me confie : « Je dois vous avouer quelque chose : personne ne vient jamais ici ! »

Je sais que l'endroit est dangereux et que des groupes islamistes, le plus connu étant Abu Sayaf, y perpétuent régulièrement des attaques et des enlèvements. Quelques mois plus tôt, le 13 avril 2010, il y a eu un attentat à la bombe contre la cathédrale d'Isabela, mais j'avais d'abord vérifié avec l'évêque s'il était possible de m'y rendre et j'avais seulement alors répondu favorablement à son invitation.

Pendant mon séjour sur l'île, toutes les personnes rencontrées, et notamment les prêtres et les religieuses, partageront cette surprise, en me félicitant pour mon courage, ce qui ne manquera pas rapidement de devenir passablement inquiétant !

Nous nous déplaçons sans escorte, la meilleure manière selon Mgr Jumoad de passer inaperçus, sauf un matin où, pour nous détendre, nous nous rendons sur une petite île voisine pour nous baigner.

La scène est épique : pendant que nous sommes dans l'eau, une dizaine de militaires philippins, l'arme au poing, se tient en arc de cercle sur la plage en scrutant la jungle qui la borde. À ce moment-là, on ne sait plus très bien si on est vraiment en sécurité ou si c'est simplement très risqué…

76 millions de fidèles

Depuis l'attentat contre sa cathédrale, l'évêque vit dans la peur : « Je crains pour ma vie, dit-il, et pour celle des fidèles. » Isabela a été érigée en Prélature apostolique en 1963 et Mgr Jumoad en est le troisième évêque. Son prédécesseur, menacé de mort, est parti très vite. Nommé administrateur, puis ordonné évêque en 2002, c'est en toute connaissance de cause qu'il a accepté la charge de cette Église.

En 2007, menacé plus sérieusement que d'habitude, il était resté trois jours sans voix avec une forte fièvre. Aujourd'hui, il trouve que la situation empire : « Autrefois, les rebelles islamistes étaient cantonnés dans la montagne, dit-il. Maintenant, ils n'hésitent plus à descendre sur la côte. »

Malgré tout, il tient bon, avec pour devise : « On est chrétien, on doit toujours garder l'Espérance ! » L'église de Lamitan, au centre de l'île, avait été détruite par Abu Sayaf en 2001. Depuis, elle a été reconstruite (grâce au soutien de l'AED) et elle est plus belle qu'avant !

Pour la cathédrale récemment endommagée, les travaux de réparation ont été évalués à 80.000 €. Notre soutien financier est acquis, mais, au moment du départ, l'évêque me confie : « Votre simple venue a été pour nous un grand soutien moral ! »

L'île de Basilan est majoritairement musulmane, les catholiques représentant 27 % de la population. Là, comme sur les deux îles voisines, des groupes islamistes mènent une patiente mais ferme stratégie de prise de contrôle. Leur objectif : islamiser complètement le sud du pays et en obtenir l'indépendance, ou pour le moins une forte autonomie.

Maîtres des lieux, ils en profitent en général pour se livrer à toutes sortes de trafics, mais l'armée philippine semble également y trouver son compte : la persistance de ce foyer d'instabilité lui permet de conserver des lignes de crédit très favorables et un budget régulièrement revu à la hausse.

Ces troubles ne sont pas pour autant un reflet de ce qui se passe dans le reste du pays. Majoritairement catholique, l'archipel philippin figure largement en tête du classement des pays catholiques asiatiques et pointe même à la troisième place mondiale, après le Brésil et le Mexique.

Avec 76 millions de fidèles, l'Église catholique y détient un certain prestige et n'hésite pas, lorsqu'elle l'estime indispensable, à prendre ouvertement position sur la scène politique, que ce soit à propos de questions sociétales ou économiques.

Après la génération des grandes figures de l'épiscopat philippin que furent les cardinaux Sin et Vidal, le jeune cardinal Luis Antonio Tagle, quasi benjamin du collège cardinalice à cinquante-cinq ans, incarne une nouvelle génération d'évêques philippins, responsables d'une Église toujours aussi présente sur la scène politique, mais qui cherche également à se recentrer sur le témoignage de foi.

Face aux défis de la modernisation politique, d'une transition démocratique imparfaite, d'une croissance économique très inégalitaire et destructrice de l'environnement, les évêques philippins s'attachent en effet à rendre plus crédible le message évangélique porté par l'Église.

Cela découle d'un engagement résolument missionnaire vis-à-vis de la population philippine, mais avec le souci constant d'également aider l'Église en Asie, voire au-delà, et notamment par le biais de son importante diaspora.

On ne compte plus le nombre de prêtres, religieux et religieuses, laïcs missionnaires qui viennent se former aux Philippines, sans oublier des médias comme Radio Veritas, une radio catholique également soutenue par l'AED qui émet depuis Manille sur une large partie du continent asiatique en dix-sept langues, incluant le chinois, le vietnamien, l'urdu, le hindi, l'indonésien, le russe et le hmong.

***

Ce tableau assez réconfortant ne doit pas pour autant cacher une mutation religieuse jusqu'ici passée inaperçue. Ces quinze dernières années, le nombre de catholiques a faiblement mais indéniablement diminué. En 1997, les Philippins étaient encore 88 % à se déclarer catholiques, mais seulement 80 % dix ans plus tard en 2007.

Dans un billet publié sur son blog le 7 février 2013, le père Joël Tabora s'exprimait sur les difficultés de l'Église face aux fidèles qui abandonnaient la pratique religieuse. « Les gens sont fatigués des homélies rasoirs qui s'étirent en longueur et en inepties », écrivait-il, ajoutant : « Ils sont aussi fatigués des discussions sur la santé reproductive et surtout la façon dont on leur rabat les oreilles de ce sujet. » Le prêtre jésuite estime qu'il est grand temps que le clergé cesse de traiter les fidèles « comme s'ils étaient encore moins que des adolescents auxquels il faudrait tout dicter ! ».

Ayant suscité d'innombrables réactions, certaines négatives, mais pour une immense majorité très positives et reconnaissantes, ce billet devrait servir de signal d'alarme pour une Église sans doute encore très cléricale, dans le mauvais sens du terme. Mais d'autres pays, je pense notamment à la Pologne, sont un peu dans le même cas de figure. La crise sera arrivée beaucoup plus tard que chez nous, mais la chute risque d'en être aussi brutale…

Un Pape philippin ?

Dans la résolution de la crise qui oppose le gouvernement et les groupes sécessionnistes dans le sud des Philippines, il semblerait heureusement que la tension ait baissé d'un cran depuis quelques mois, les deux parties étant parvenues à un certain nombre de points d'accord. L'avenir nous dira s'il s'agissait bien d'un réel apaisement ou simplement d'une trêve technique, mais on ne peut que se réjouir de cette avancée.

Dans le combat incessant contre la pauvreté qui reste le lot d'une partie importante de la population, les prises de position de l'Église sur le plan politique et son aide concrète sur le terrain, à travers une infinité d'initiatives locales de paroisses, communautés et mouvements, laissent à penser que le pays continuera à se développer avec un sens toujours plus aigu de la justice sociale.

Vers le milieu du XXIe siècle, c'est-à-dire dans moins de quarante ans, on estime que les Philippines seront devenues le premier pays catholique au monde, devant le Brésil et le Mexique. Au-delà de l'Asie où son influence est déjà importante, l'Église philippine aura donc un rayonnement accru. Dans de nombreux domaines, elle sera peut-être un modèle, y compris pour la « vieille » chrétienté d'Europe.

À l'occasion du premier Congrès missionnaire asiatique en 2006, Mgr Tagle, alors évêque d'Imus, avait déjà déclaré :

> « Certains en Europe s'inquiètent de la direction prise par la mission en Asie. Ils disent : "Tout ce que vous faites, c'est dialoguer." Je leur dis : un jour, vous étudierez nos travaux parce que c'est ce qui se passe en Europe aujourd'hui. L'Église devient plus petite. Autrefois, pratiquement toute l'Europe était chrétienne. Aujourd'hui, les chrétiens, petit à petit, deviennent moins nombreux et d'autres religions grandissent. À un moment, la communauté chrétienne ne sera plus qu'un *"petit troupeau"* et, à ce moment-là, ils vivront ce que nous vivons en Asie. Peut-être alors regarderont-ils comment nous vivons la mission en Asie. La dynamique sera sans doute différente car ils ont commencé grand et, ici en Asie, nous avons commencé petit. Mais aujourd'hui en Europe, ils deviennent petits à mesure que leur société devient de plus en plus pluri-religieuse, multiculturelle, du fait des migrations, et la pauvreté y est grandissante. »

Une responsabilité assumée, donc, de la part de cette Église dynamique et missionnaire, d'ores et déjà présente et active dans le monde entier. À quand un Pape philippin ?

3

Afrique

1. Congo(s)
2. Soudan(s)
3. Nigeria
4. Afrique du Sud
5. Mali

1. Congo(s)

Le serpent et le saucisson

Makoua, petite ville à 600 km au nord de Brazzaville. Envoyé par la D.C.C. (Délégation catholique pour la Coopération), je suis professeur de français dans un petit séminaire tenu par la communauté des Béatitudes. En octobre 1991, il n'y a pas souvent d'électricité et le groupe électrogène tombe fréquemment en panne – on s'éclaire aux lampes à pétrole – l'eau n'arrive que rarement – on se lave à la rivière, la Likouala – le téléphone ne marche pratiquement jamais, il n'y a même pas de Coca Cola…

Cela fait huit jours que je suis arrivé et l'un des jeunes qui fréquentent le monastère – il s'appelle Gabin – a été piqué par un « serpent minute » en nous quittant après les vigiles de la Toussaint. Catéchumène très motivé et prêt pour le baptême, il aura juste le temps d'être baptisé avant de mourir, quelques minutes après avoir été piqué. Il fait nuit, la savane environnante est tout sauf silencieuse, on entend aussi des tamtams. À ce moment, je suis pris d'un certain vertige : après tout, j'ai signé pour deux ans !

***

Brazzaville, un an et demi plus tard. Depuis le discours de la Baule, où la France a insisté pour qu'il y ait de réels progrès démocratiques en Afrique, même si, en réalité, cela ne nous arrangeait pas tellement – mieux vaut négocier une bonne fois pour toutes, mais donc avec un président stable voire indéboulonnable, les commissions reversées en échange du libre accès aux richesses du pays, en l'occurrence ici le pétrole – il règne dans le pays une certaine tension.

Mathématiquement, c'est l'ethnie la plus nombreuse qui a remporté l'élection présidentielle et le nouveau président, Pascal Lissouba, cherche à prendre ses distances avec la France en se rapprochant des Américains qui eux-mêmes cherchent à vider l'Afrique centrale des Français.

Ce n'est pas encore la guerre civile, elle ne tardera pas et se soldera, outre des destructions massives et un nombre certain de victimes, par le retour au pouvoir de l'ancien chef de l'État, Denis Sassou Nguesso. En attendant, il y a régulièrement des arbres abattus pour couper les routes, y compris au milieu de la ville, et on commence à entendre durant la nuit des tirs d'armes automatiques.

En quittant la Nonciature où j'ai été invité à déjeuner, les religieuses italiennes qui s'occupent de l'intendance m'offrent généreusement un saucisson. Cela ne les prive pas, me disent-elles, elles en ont reçu tout un tas de l'Italie. Raccompagné par le secrétaire de la Nonciature dans la voiture climatisée de l'Ambassade, je dois malheureusement terminer à pied jusqu'à notre point de chute à Kinsundi, un quartier plus lointain, car la route est coupée.

En suant à grosses gouttes, il fait chaud et l'atmosphère est un peu tendue, j'imagine la cave de la Nonciature remplie de saucissons et je trouve que les sœurs ont été un peu chiches : si elles voulaient en recevoir le centuple, il aurait mieux valu qu'elles m'en donnent un ou deux de plus !

L'or gris

À Makoua, le petit séminaire accueille une quarantaine de lycéens qui se posent la question de la vocation sacerdotale. Pour les nourrir, nous nous procurons du gibier sur place, antilopes, sangliers, buffles et des poissons d'eau douce, mais nous devons également aller à Brazzaville pour acheter en gros du sucre, de la farine, des conserves…

Il y a 70 km de piste et 530 km de route officiellement goudronnée, mais, dans certains passages, il y a bien longtemps que le goudron a disparu, la route aussi d'ailleurs. Il faut donc un véhicule tout terrain et nous mettons, selon la saison, entre dix et douze heures pour rejoindre la capitale.

L'équation est donc simple : pas de véhicule, pas de séminaire ! L'ancienne voiture étant réellement arrivée en bout de piste, nous avons la joie de recevoir un véhicule flambant neuf, financé par un organisme que je ne connaissais pas : l'Aide à l'Église en Détresse.

C'est l'évêque du lieu, Mgr Ernest Kombo, qui s'est occupé de la demande. Depuis qu'il a assuré la présidence de la Conférence nationale, structure qui a dirigé le pays au moment de la transition après la dictature marxiste, il ne se déplace jamais sans ses deux gardes du corps, y compris pendant la messe qu'il vient célébrer de temps en temps au séminaire. Il officie alors, entouré de ses deux « gorilles » en aube… mais armés.

L'histoire récente du Congo Brazzaville, officiellement la République populaire du Congo, est compliquée et remplie de souffrances, mais ce pays fait presque figure d'oasis de la paix comparé à son voisin homonyme, le Congo Kinshasa, ex-Zaïre, officiellement la République démocratique du Congo.

Les deux capitales se font face sur le Stanley Pool, excroissance du fleuve Congo en amont de chutes impressionnantes, mais l'ex-Congo belge a eu moins de chance que l'ex-Congo français : il est infiniment plus grand et surtout beaucoup plus riche ! Or, en Afrique, là où sont les richesses, là sont les prédateurs…

Si on prend une carte d'Afrique et qu'on superpose la carte des richesses naturelles et la carte des conflits, on sera surpris – ou peut-être pas du tout, finalement – de constater que ce sont les mêmes. Diamants, or, pétrole… se transforment sous ces latitudes en malédiction, du moins pour la population locale qui, non seulement n'en récupère pas un seul franc CFA, mais, qui plus est, se retrouve en général victime de massacres à grande échelle, prise en otage par l'affrontement que se livrent les fameux prédateurs, compagnies minières ou pays voisins, souvent les deux.

Le Congo Kinshasa en est l'exemple le plus dramatique. Il faut dire que ce pays, potentiellement l'un des plus riches de la planète, a été décrit comme étant un scandale géologique, tellement son sous-sol recèle de trésors, y compris des minerais rares – comme le coltan, parfois appelé or gris – indispensables aujourd'hui aux nouvelles technologies, dont nos téléphones portables.

Or, c'est également l'un des pays qui ont le plus souffert ces dernières années : on estime que près de cinq millions de personnes sont mortes depuis le milieu des années 90, c'est-à-dire en une grosse quinzaine d'années, et la plupart ont perdu la vie dans la partie orientale du pays, celle où se concentrent les richesses.

Ce tragique scandale ne semble pas émouvoir grand monde… il faut penser que l'Occident doit y avoir des intérêts, sans quoi on finirait par en parler, j'imagine. Tout de même, cinq millions de morts…

Une partie du pays, le Kivu, est actuellement occupée par le Rwanda, mystérieusement devenu anglophone depuis le changement de régime. Or, cette région détient entre 60 et 80 % des réserves mondiales de coltan…

L'Église demeure la seule institution encore opérante dans la région, voire dans le pays, et poursuit sans relâche sa mission pastorale tout en s'occupant des plus pauvres, c'est-à-dire la majeure partie de la population. Elle n'hésite pas non plus à élever la voix et à demander le retour de l'État de droit, avec un minimum de sécurité et de justice sociale. Elle en paie le prix : on ne compte plus le nombre de prêtres et de religieuses assassinés ces dernières années et les menaces qui continuent à peser aujourd'hui sur l'Église.

***

Dimanche 5 décembre 2010 à Kinshasa. L'archevêque de la capitale, Mgr Laurent Monsengwo, fait le tour de la piste du grand stade, debout sur la plateforme d'un véhicule tout-terrain, devant plus de 80.000 personnes, y compris le Président de la RDC, Joseph Kabila.

C'est sa première messe au pays en rouge, puisqu'il vient d'être créé cardinal deux semaines plus tôt à Rome, et c'est un événement national. Le stade s'appelle stade des Martyrs, ce qui est un clin d'œil au cardinalat, même si l'homélie très forte de l'archevêque ce jour-là pourrait faire craindre à un signe prémonitoire.

« L'autorité est au service du bien commun. Une autorité et un pouvoir qui ne s'occupent pas en premier lieu du bien commun et du peuple, mais de ses propres intérêts, est un pouvoir sans objet », assène-t-il durant son intervention, suscitant un tonnerre d'applaudissements. « Point n'est besoin de tuer tant d'hommes et de femmes, point n'est besoin de tant de violences innommables pour se faire de l'argent. C'est de l'argent criminel », ajoute-t-il, en invitant avec insistance à « mettre fin à la guerre au Congo en général et singulièrement dans l'Est du pays », notamment au Nord Kivu où les violences ne cessent de s'intensifier.

Mais l'archevêque n'en est pas à ses premières prises de position. Quelques mois plutôt, son homélie de Pâques avait été particulièrement virulente en dénonçant sans complaisance la mauvaise gouvernance du pays et en condamnant notamment les mauvais traitements des femmes et des enfants, les violences et l'insécurité générale, sans omettre les crimes financiers, le détournement des deniers publics ainsi que le culte de la personnalité de certains dirigeants. « Il nous faut recenser les antivaleurs dans lesquelles notre société s'est enlisée au point d'atteindre l'innommable », déclarait-il alors.

De l'autre côté du fleuve, au Congo Brazzaville, on a bien assassiné un cardinal, ce qui sort tout de même de l'ordinaire, mais il s'agissait d'une autre époque où la dictature marxiste était contrôlée en sous-main par les Soviétiques. Créé cardinal à l'âge de quarante-six ans, Mgr Émile Biayenda avait été assassiné quatre ans plus tard, le 22 mars 1977.

Le poumon spirituel de l'humanité

S'il ne fallait retenir qu'un seul mot du voyage de Benoît XVI au Bénin en novembre 2011, ce serait celui de l'espérance. Sans minimiser les difficultés ni les défis extraordinaires qui se présentent à l'Afrique, le Saint-Père nous avait alors clairement invité à changer notre regard sur ce continent en insistant de manière prophétique sur le « trésor précieux » que représentait l'Afrique pour l'avenir de l'Église et de l'humanité.

Cette seconde visite de Benoît XVI en Afrique, après celle de mars 2009 en Angola et au Cameroun, a incontestablement été un succès. L'accueil de la population béninoise a été remarquable.

> « Tous les Béninois, assure Mgr Antoine Ganyé, archevêque de Cotonou, les musulmans, les fidèles de la religion traditionnelle… toutes les religions étaient présentes le long de la route pour accueillir le Pape parce que tous voulaient sa

bénédiction. La bénédiction du Pape est très, très importante pour nous, Africains ! »

L'espérance aura été répétée à chaque étape du voyage pontifical, et même criée avec force aux chefs et aux responsables : « Ne privez pas vos peuples de l'espérance ! » Pour Benoît XVI, « un précieux trésor est présent dans l'âme de l'Afrique où je perçois le poumon spirituel pour une humanité qui semble en crise de foi et d'espérance, grâce aux richesses humaines et spirituelles inouïes de ses enfants, de ses cultures aux multiples couleurs, de son sol et de son sous-sol aux immenses ressources ».

Les propos positifs du Saint-Père sur l'Afrique scandent l'exhortation apostolique post-synodale *Africae Munus* (*L'engagement de l'Afrique*), signée et donnée à Ouidah, lieu d'arrivée des premiers missionnaires au Bénin il y a cent cinquante ans. Le document a été rédigé par Benoît XVI à partir des cinquante-sept propositions finales du second Synode spécial pour l'Afrique, qui a eu lieu en octobre 2009.

Cette exhortation apostolique est bien sûr reliée à *Ecclesia in Africa*, exhortation précédente publiée en 1995 à la suite du premier Synode spécial pour l'Afrique, mais également à l'exhortation apostolique post-synodale *Verbum Domini*, publiée en 2010 à la suite du Synode général sur la Parole de Dieu et aux *Lineamenta* pour le Synode général sur la Nouvelle Évangélisation qui allait se tenir un an plus tard en 2012. Étaient ainsi mises en évidence l'importance de l'étude de la Parole de Dieu et celle de l'évangélisation, données comme programme des activités pastorales pour les prochaines décennies.

Africae Munus est un feu d'artifice de propos positifs : « L'engagement de l'Afrique pour le Seigneur Jésus-Christ est un trésor précieux. » (*Africae Munus*, paragraphe 1 - AM 1) « Une vitalité ecclésiale exceptionnelle et le développement théologique de l'Église comme Famille de Dieu… » (AM 3) « Une Afrique qui avance, joyeuse et vivante, manifeste la louange de Dieu. » (AM 15) « Chers fidèles d'Afrique, l'amour de Dieu vous a comblés de toutes sortes de bénédictions et il vous a rendu capables d'agir comme le sel de la terre. » (AM 99) « L'Afrique est le berceau de la vie contemplative chrétienne. » (AM 119)

Cette cascade d'encouragements du Saint-Père se poursuit :

> « Il y a de nombreux motifs d'espérance et d'action de grâce. Ainsi par exemple, malgré les grandes pandémies […], l'Afrique maintient sa joie de vivre, de célébrer la vie qui provient du Créateur dans l'accueil des naissances pour que s'agrandisse le cercle de la famille et de la communauté humaine. Je vois également un motif d'espérance dans le riche patrimoine intellectuel, culturel et religieux dont l'Afrique est dépositaire. Elle désire le préserver, l'explorer davantage et le faire connaître au monde. Il s'agit là d'un apport essentiel et positif. » (AM 9)

Cette exhortation s'adressait aussi à l'Église universelle – « J'exhorte donc l'Église entière à poser sur l'Afrique ce regard de foi et d'espérance » (AM 5) – mais principalement bien entendu à l'Église qui est en Afrique : « Je le redis à nouveau : Lève-toi, Église en Afrique […] parce que le Père céleste t'appelle, Lui que tes ancêtres invoquaient comme Créateur, avant d'en connaître la proximité miséricordieuse, révélée dans son Fils unique,

Jésus-Christ. » (AM 173) Qui, en dehors de l'Église, croit autant à l'Afrique ?

Le Pape soulignait ensuite que, bien que la construction d'un ordre social juste relève de la sphère politique, l'Église avait cependant le devoir de former les consciences des hommes et des femmes, les éduquant à la justice divine. L'Église devait contribuer à former une Afrique nouvelle, se faisant l'écho « du cri silencieux des innocents persécutés ou des peuples dont les dirigeants hypothèquent le présent et le futur en raison d'intérêts personnels » (AM 30).

Mais Benoît XVI s'adressait aussi directement aux évêques, invités à la sainteté de la vie, les diocèses devant être des « modèles quant au comportement des personnes, à la transparence et à la bonne gestion financière » (AM 104), aux prêtres, qui doivent vivre une vie exemplaire dans le célibat et détachés des biens matériels, aux séminaristes appelés à devenir des apôtres des jeunes, aux laïcs invités à vivre la sainteté dans le monde, aux diacres, personnes consacrées et catéchistes, dont le témoignage de vie donnée à Dieu et dévouée au prochain doit transparaître.

La conclusion de l'exhortation (AM 177) est effectivement exhortative :

> « Puisse l'Église catholique en Afrique être toujours un des poumons spirituels de l'humanité, et devenir chaque jour davantage une bénédiction pour le noble continent africain et pour le monde entier ! »

Rien que ça !

Plus grand pays catholique du continent, mais dixième au niveau du monde, le Congo Kinshasa est aussi celui qui présente le plus grand potentiel de développement. D'ici le milieu du XXIe siècle, il figurera dans les toutes premières places du classement mondial.

D'ores et déjà, il est concerné en tout premier lieu par cette espérance évoquée dans l'exhortation, malgré les apparences contraires, mais peut-être ce paradoxe a-t-il en réalité un sens : on peut en effet imaginer que c'est bien *parce que* l'Église en Afrique, et notamment l'Église au Congo, a été appelée à une mission d'une telle importance qu'elle se retrouve ainsi éprouvée…

2. Soudan(s)

« Le plus beau jour de ma vie »

« Cela a été le plus beau jour de ma vie », s'exclame le père Thomas Iga, recteur du grand séminaire de Khartoum, en parlant du 9 janvier 2011, date du référendum d'autodétermination où la question de la partition du Soudan fut posée. Au moment où je le rencontre dans la capitale soudanaise, cela fait à peine un mois que le référendum a eu lieu, mais il est encore bouleversé par la nouvelle. « Enfin, j'étais un homme libre, un être humain à part entière », conclut-il.

Cette joie profonde, partagée par tous ceux du Sud, traduit littéralement une renaissance liée à une dignité retrouvée, dignité si longtemps déniée par le régime de Khartoum pour qui les sudistes, principalement des chrétiens et des animistes, étaient des citoyens de seconde zone.

Il s'agit d'un moment historique et l'ambiance est assez particulière. Le pays doit être divisé cinq mois plus tard et personne ne sait si cela va bien se passer et même si cela va se passer tout court.

Il faut dire que du jour au lendemain, le 9 juillet 2011, le pays va être amputé du quart de sa superficie – une région plus grande que la France – et du quart également de sa population, soit près de 10 millions de personnes en moins. Cela n'est pas anodin et c'est d'autant moins imaginable que le Nord opprime le Sud depuis si longtemps déjà …

Khartoum, la capitale du « nord », se trouve au point de jonction des deux Nils, le bleu dont la source est le lac Tana en Éthiopie et le blanc qui vient du lac Victoria. La cathédrale catholique de Khartoum est au bord du Nil, juste à côté d'un pont où passe une autoroute.

Au départ, le gouvernement avait *intentionnellement* fait passer le tracé de l'autoroute sur l'emplacement de la cathédrale, qui aurait dû être détruite – *Comme c'est dommage !* – mais le maître d'ouvrage allemand avait refusé. Au lieu d'être détruite, elle est maintenant visible – et vue – par tous les automobilistes.

Juba, la capitale du « sud », était encore il y a peu de temps un gros bourg. « Ici, c'est le Far West », me dit-on. Hormis quelques escarmouches sur les parties encore floues de la frontière entre le Nord et le Sud, la guerre est finie, mais pas le désarmement. Un ministre a été assassiné quelques jours auparavant, il faut sérieusement éviter de sortir une fois la nuit tombée.

Les forces de l'ONU sont encore très présentes, notamment des pilotes d'hélicoptères russes que je rencontre autour de la piscine du Djebel Hôtel et qui fêtent joyeusement leur solde avantageuse.

Après cinquante ans de guerre traumatisante, il va falloir un peu de temps avant de connaître une société véritablement apaisée. « Derrière chaque Sud-Soudanais, me confie un diplomate en poste à Juba, il faudrait un psychothérapeute pendant les dix prochaines années ! »

La trilogie du diable

Il faut dire que le conflit aura été sanglant ! Deux millions et demi de morts, c'est le prix payé par le Sud pour obtenir cette libération à travers deux guerres civiles, de 1956 à 1972 d'abord, puis de 1983 à 2005 lorsque fut signé l'accord de paix. À cela, il faut ajouter quatre millions de réfugiés, la plupart étant partis au Nord, notamment autour de Khartoum. Qui en a parlé ?

Il est étonnant de voir à quel point nos indignations sont sélectives. On a ressassé à juste titre la tragédie du Darfour, mais, après tout, il n'y a eu *que* 200.000 victimes. Pourquoi a-t-on parlé d'elles et pas de celles du Sud, pourtant dix fois plus nombreuses ? Certains morts auraient-ils plus de poids que d'autres ?

Mais bon, au Sud, *il ne s'agissait que de Noirs*, qui plus est une majorité de chrétiens ainsi que des animistes… In fine, on se rend bien compte que l'on se moque éperdument du nombre de morts : l'intérêt politique – et économique – prime absolument.

À l'époque du Darfour, il s'agissait de mettre la pression sur le régime de Khartoum car, d'une part, l'embargo décrété contre le pays n'était pas respecté – la Chine s'installait tranquillement, notamment pour gérer le pétrole, et ce en l'absence de toute compétition, notamment américaine – et d'autre part, le projet de division du pays devait déjà être arrivé à maturité, d'où l'opprobre jeté sur le régime. À l'époque du génocide perpétré par ce même régime contre le Sud chrétien et animiste, l'environnement international n'était pas le même… tant pis pour les victimes.

« Alors que l'Occident est intervenu au Kosovo en faveur des Albanais musulmans, remarque Mgr Gassis, évêque d'El Obeid, il n'a rien fait devant le massacre des chrétiens de mon pays. Tout comme le Christ a été trahi pour trente deniers d'argent, l'Occident a trahi et vendu le peuple africain du Soudan pour quelques barils de pétrole. Une fois que mon peuple aura été exterminé, l'Occident "chrétien" élèvera certainement des monuments à sa mémoire. »

Mais le conflit contre le Sud ne remontait pas uniquement à l'indépendance de 1956. En réalité, la discrimination des Arabes du Nord contre les Noirs – ou esclaves, comme ils les appellent – du Sud était pluriséculaire, même si elle s'était intensifiée ces cinquante dernières années, avec une volonté acharnée d'arabisation et d'islamisation du Sud, qui n'était ni l'un ni l'autre et pour qui le refus de cette politique aura été la raison première de sa résistance.

Rappelons que c'est l'adoption de la *charia*, la loi islamique, comme loi de l'État en 1983 qui a déclenché la rébellion du Sud animiste et chrétien. L'Église au Sud Soudan a été prise pour cible, au sens littéral du terme – bombardements des églises, particulièrement le dimanche lorsque les communautés sont rassemblées – et son action au service de la population locale continuellement entravée.

Cette résistance aura permis de bloquer l'avancée de l'islam vers le reste de l'Afrique orientale, le Soudan ayant été conçu comme rampe de lancement de l'islamisation de cette région. Il est intéressant de noter que cette fonction de barrage aura connu un précédent. Au VIIe siècle, en 652 précisément, c'est-à-dire dans les premières années de l'expansion de l'islam, celui-ci fut bloqué dans sa progression par l'existence des royaumes chrétiens en Nubie, situés autour de l'actuelle capitale, Khartoum.

Un pacte fut même signé à cette époque et qui allait durer six siècles, reconnaissant l'existence de cette présence chrétienne et *de facto* acceptant de ne plus progresser territorialement. Puis, à cause de l'immigration musulmane du Nord, des mariages mixtes et de l'imprégnation des musulmans dans les circuits économiques, le XIIIe siècle verra se produire un basculement avec la prise de contrôle du Soudan par l'islam. Cette stratégie reste d'ailleurs d'actualité, puisque c'est celle qui est utilisée aujourd'hui encore en Afrique.

Aujourd'hui, la résistance du Sud Soudan a permis de mettre en échec l'imposition de la *charia* au Sud du pays. Les chrétiens y sont pour beaucoup, même si le nouvel État n'est pas marqué par une identité religieuse.

D'ailleurs, même si la plupart des responsables politiques du Sud Soudan sont catholiques, il est à craindre qu'il y aura des heurts entre l'Église et le gouvernement sud soudanais, puisque d'ores et déjà, l'Église entend ne pas rester silencieuse face à la corruption, au tribalisme et au népotisme, ce que le père Joe Vieira, missionnaire combonien portugais, appelle la « trilogie du diable ». Et il y a fort à parier que ce combat n'en est qu'à ses débuts.

Si on prend la période comprise entre l'Accord de Paix signé en 2005 et le référendum de 2011, ces tensions existaient déjà. Paradoxalement, le réarmement du Sud a été rendu possible par le soutien financier et matériel des ONG et par les Nations unies.

Le gouvernement du Sud n'a pas construit les infrastructures dont les populations avaient tant besoin, malgré son engagement à le faire. Pas d'écoles ni d'hôpitaux pour la population civile, mais de gros investissements pour l'armée : nouveaux matériels, nouvelles recrues.

Pour l'évêque émérite de Torit (diocèse du Sud), Mgr Taban, la situation au Soudan ressemblait alors à « une espèce de guerre froide. Malgré l'accord de paix, disait-il, et même si, depuis 2005, les bombes ne s'abattent plus sur nos villages, la situation est presque plus dangereuse, car aujourd'hui, les besoins des populations sont invisibles. Aucune des promesses n'a été tenue : nous attendons toujours des puits d'eau, des écoles et des dispensaires ».

Dans certaines régions comme celle des monts Nuba, une zone disputée par le Nord et le Sud, la population était livrée à elle-même et l'Église se substituait en toute chose à l'absence de l'État. « C'est notre croix, affirme Mgr Taban. Nous ne demandons pas au monde de porter notre croix, nous lui demandons seulement d'être notre Simon de Cyrène. »

***

Ce nouveau pays a quelques atouts : le pétrole est au Sud, il y a également de l'eau et les terres sont globalement fertiles, mais, en l'état actuel, le pays nouveau-né n'est pas viable. Dès sa création officielle, il a figuré aussitôt au dernier rang de tous les classements internationaux. 90 % de la population vit avec moins d'un dollar par jour, la mortalité maternelle est la plus élevée au monde, un enfant sur dix meurt avant d'avoir cinq ans, l'analphabétisme est la règle...

Sans l'appui financier international et la présence massive des ONG, dont plus de mille sont présentes à Juba, rien ne fonctionnerait. Même si le gouvernement du Sud existe en réalité depuis 2005, avec une armée de près de 300.000 fonctionnaires, il faut dans les faits tout créer à partir de zéro. « Il y a deux mondes, me dit Pauline, une Française qui travaille sur place pour une organisation caritative norvégienne, le centre-ville, les ministères, les ONG, les routes goudronnées... et à côté, le village, la piste... l'Afrique réelle ! »

Un des grands soucis du Sud Soudan en particulier, mais de l'Afrique en général, c'est la question tribale. Juba n'est pas en territoire *dinka*, qui constitue la tribu la plus nombreuse du Sud et dont sont issus la plupart des artisans de la victoire, à commencer par Garang, le père de l'indépendance, et Salva Kirr, l'actuel Président du Sud Soudan.

Rien ne permet de garantir que la capitale restera donc bien à Juba et plusieurs solutions alternatives sont aujourd'hui à l'étude, dont la plus probable à ce jour serait celle de Ramciel, localité un peu perdue pour le moment, mais qui est déjà la capitale militaire du Sud, avec la plus grosse garnison réunie dans un camp flambant neuf, construit par les Sud-Africains (à croire qu'il existe une solidarité entre sudistes).

Pour l'Église, la mutation n'est pas facile et elle a déjà commencé avec le rapatriement vers le Sud d'une bonne partie des sudistes qui étaient réfugiés au Nord et, parmi eux, beaucoup de chrétiens, à tel point que certaines paroisses ont déjà perdu plus de la moitié de leurs fidèles et que certaines écoles ont dû être fermées.

Il est beaucoup question de déménagement – celui du grand séminaire comme celui du siège de la conférence épiscopale – de Khartoum à Juba, mais plus l'Église abandonne le Nord et plus la situation des chrétiens qui y resteront deviendra compliquée.

Comment l'Église va-t-elle gérer cet affaiblissement numérique ? Et quelle sera sa marge de manœuvre dans un Nord devenu presque entièrement musulman et où il est question de renforcer l'application de la *charia* ? Les raisons de s'inquiéter ne manquent pas.

Au Sud, même si la situation est bien meilleure, les chrétiens n'étant plus discriminés, l'Église doit accueillir tous ceux qui rentrent et qui vont venir gonfler ses rangs, mais pour lesquels il faut dans un premier temps prévoir un accompagnement. Ces rapatriés doivent en réalité commencer une nouvelle vie, souvent dans des conditions très précaires.

Joyce, par exemple, une mère de cinq enfants, vit maintenant dans un village près de Juba. Sa *maison* est gratuite, mais elle n'a pas de travail pour faire vivre ses enfants. Elle a reçu un peu de nourriture à son arrivée, mais maintenant, elle doit se débrouiller. À Khartoum, elle devait payer son logement, mais au moins avait-elle un emploi rémunéré.

Ces bouleversements s'accompagnent pour l'Église d'une autre fragilité, celle des prêtres ayant abandonné le sacerdoce, épuisés par des conditions de ministère souvent très ingrates et alléchés dans le même temps par des offres d'emploi, notamment de la part des ONG qui proposent des salaires souvent inimaginables et complètement décalés par rapport à la réalité sociale locale.

Plus d'une cinquantaine de prêtres, dont vingt pour le seul diocèse de Khartoum, sont déjà partis et le phénomène touche également les religieuses. Un grand séminariste à Wau, par exemple, a été recruté par une agence de l'ONU. Il gagne maintenant 10.000 $ par mois... On ne peut plus trouver de cuisiniers, de chauffeurs (au minimum 550 $ par mois) : ils vont tous travailler pour les ONG. Gros salaires et le travail n'est pas exténuant. Ce qui compte, c'est de faire un beau rapport... Que se passera-t-il lorsque les ONG partiront ?

Les défis qui se présentent, que ce soit pour l'Église ou pour la société, sont donc démesurés et les risques d'une dégradation générale de la situation sont réels. « Tout le pays est une bombe à retardement », assure le diplomate déjà cité. Ce redécoupage des frontières crée également un précédent qui annonce peut-être une réorganisation des frontières à plus grande échelle sur le continent.

101 jours pour changer l'Histoire

Malgré d'immenses défis, il faut reconnaître que le processus de séparation s'est tout de même, et de manière très étonnante, globalement bien déroulé, sans violences ni dérapages pourtant prévisibles.

Certes, la capacité de nuisance du Nord était limitée par le contexte international et le Sud était unanimement décidé à ne pas laisser s'échapper cette opportunité historique, mais on peut sans doute imaginer que la campagne de prière organisée par l'Église, qui avait demandé que l'on prie et jeûne 101 jours avant la date du référendum, aura également eu un impact. Commencée le 21 septembre 2010, elle prit fin le 1er janvier 2011, journée mondiale de la paix et fête nationale du Soudan, une semaine avant le référendum.

De plus, si le pétrole est au sud, l'oléoduc, les raffineries et les terminaux pétroliers sont au nord. Les deux pays ont donc compris qu'ils devaient s'entendre, car ils s'en sortiront ou mourront ensemble. Les tensions résiduelles s'expliquent par le flou encore existant sur le délimité précis de la frontière – les zones contestées sont gorgées de pétrole – et par la difficulté à se mettre d'accord sur le partage de cette fabuleuse rente.

La construction d'un oléoduc permettant l'exportation du pétrole via le Kenya réduirait *de facto* cette interdépendance, mais, pour le moment, les deux États ont tout intérêt à trouver un *modus vivendi*.

Pour l'Église, les signes d'espérance ne manquent pas non plus. D'une part, alors qu'elle a été discriminée et violemment prise pour cible depuis l'indépendance, l'Église s'est considérablement développée en cinquante ans, passant de 1,5 à 5 millions de fidèles. Qui dit mieux ?

D'autre part, son rôle est incontournable, notamment au Sud, et sa parole écoutée. Enfin, la première femme africaine à avoir été élevée à la gloire des autels sans être martyre est une Soudanaise. Née au Soudan dans la région du Darfour, Joséphine Bakhita fut enlevée toute jeune, vendue plusieurs fois à des marchands d'esclaves africains et elle subit une servitude cruelle. Libérée grâce au consul d'Italie à Khartoum, elle devint chrétienne, puis religieuse à Venise chez les Filles de la Charité ; elle passa le reste de sa vie à Schio, près de Vicence, au service des plus humbles.

Décédée le 8 février 1947, elle fut béatifiée, puis canonisée le 1er octobre 2000 par Jean-Paul II. Elle est citée comme exemple dans la deuxième lettre encyclique de Benoît XVI, *Spe Salvi*, qui traite de l'espérance !

3. Nigeria

Patte blanche

Paroisse Notre-Dame de l'Assomption, Falomo, au centre de Lagos, la capitale économique du pays. C'est la messe des Rameaux et l'église est comble. Pour entrer dans l'enceinte paroissiale – comme partout au Nigeria – il faut montrer patte blanche : les attentats contre les églises sont monnaie courante, des mesures de sécurité sont donc indispensables. On est en Afrique, la célébration est festive, voire exubérante, mais c'est aussi un dimanche particulier, celui où l'on célèbre la messianité du Christ.

Lagos est une des plus grandes villes d'Afrique avec le Caire et Kinshasa, même s'il est difficile d'en connaître la population avec précision. Certains parlent de 10 millions, d'autres de 15. On pense qu'en 2020, elle en comptera 20 !

La circulation y est chaotique, d'autant qu'elle est construite sur différentes îles au cœur d'une lagune. Capitale du Nigeria jusqu'en 1991, on comprend assez rapidement, en la parcourant, pourquoi la décision fut prise de déménager le siège du gouvernement à Abuja, au centre du pays.

À vol d'oiseau, la nouvelle capitale artificiellement créée est à 540 km au nord de Lagos, mais par la route, il faut une dizaine d'heures pour parcourir les 725 km qui les séparent. Ici, il y a beaucoup plus de place et sa position centrale au cœur d'une fédération de 36 États peuplée de 160 millions d'habitants semble assez pertinente.

Le Nigeria est le géant démographique de l'Afrique et deviendrait, selon les prévisions, le troisième pays le plus peuplé au monde au milieu du XXIe siècle, c'est-à-dire dans moins de quarante ans, date à laquelle sa population avoisinerait les 390 millions.

À Abuja aussi, il faut être sur ses gardes. On n'est plus dans une grande mégalopole avec ses défis sécuritaires caractéristiques, mais les risques d'attentats et d'enlèvements sont ici plus élevés : on est plus proche du Nord et de l'instabilité qui y règne.

Un nouveau front

Depuis quelques années, les persécutions les plus terribles contre les chrétiens se concentraient au Moyen-Orient. La population chrétienne cherchait à tout prix à émigrer, fuyant une situation de violence généralisée doublée d'une réelle discrimination. La situation n'y est toujours pas stabilisée, mais il semble qu'un nouveau front se soit ouvert en Afrique, avec le Nigeria comme cœur de cible.

Les médias nous ont habitués à un discours aseptisé en nous relatant de temps à autre, lorsque le nombre de morts devient important, l'existence de « heurts intercommunautaires », comme si les musulmans et les chrétiens étaient également responsables de cette tension. Dans l'absolu, il s'agit en effet de heurts, mais les chrétiens en sont presque toujours les victimes.

Au départ, le conflit qui les oppose ne résulte pas d'un problème religieux, mais à l'arrivée, il est difficile de complètement nier la dimension religieuse des attaques, lorsque les églises sont systématiquement visées et de préférence au moment des grandes fêtes, lorsque l'assemblée y est particulièrement nombreuse, au point que le simple fait d'assister à la messe est devenu un acte dangereux.

On ne compte plus le nombre de morts et de blessés, ni même le nombre d'églises attaquées au Nigeria ces dernières années. Dans le diocèse de Maiduguri, au nord du pays, il y avait cinquante-deux églises. Boko Haram en a détruit cinquante !

Et pourtant, on continue – et l'Église au Nigeria en premier lieu – de minimiser l'aspect religieux du conflit. Cela est en partie vrai, la variable confessionnelle n'ayant pas été jusque-là un point d'achoppement fondamental, mais cette attitude apparaît également comme étant un axe de communication, visant à ne pas ajouter de l'huile sur un terrain déjà extrêmement inflammable.

Les évêques nigérians sont en général très impliqués dans cette stratégie d'apaisement et notamment le plus connu d'entre eux, le cardinal John Onaiyekan, archevêque d'Abuja. Rencontré chez lui où j'étais invité à déjeuner, le cardinal craignait plus que tout le déclenchement d'une spirale de violence où les chrétiens, exaspérés par les attaques continuelles, finiraient par chercher à se venger, ce qui ne ferait qu'entretenir et même amplifier la violence, entraînant le pays dans un abîme sans fond de terreur et de destruction.

C'est la raison pour laquelle, avec les autres évêques nigérians, il militait sans cesse et avec force en vue de l'apaisement. Appel au calme et à la réconciliation, dialogue interreligieux et interethnique, interpellation des autorités politiques pour les mettre devant leurs responsabilités, notamment en termes de sécurité et de développement, le cardinal avait du pain sur la planche.

En réalité, les défis sont immenses. Évoquons déjà les statistiques démographiques. Quels que soient les chiffres, on prend toujours soin de préciser qu'il y a strictement autant de chrétiens que de musulmans, en général 45 % pour chaque communauté. Cette équité absolue relève visiblement d'un souci de communication politique. Or, il m'a été dit sur place que non seulement les chrétiens étaient plus nombreux, mais que leur proportion continuait à progresser et que c'était même sans doute un des facteurs de tension dans le pays.

Précisons ici qu'il ne s'agit pas de faire des comptes d'apothicaire et que le nombre en soi n'est d'ailleurs pas une donnée suffisante – qu'est-ce que la quantité sans la qualité ? – mais que la réalité objective, qui passe notamment par les chiffres, doit être appréhendée le mieux possible si l'on veut comprendre une situation donnée.

Historiquement, il faut remarquer que les statistiques, très tôt politisées au Nigeria, ont toujours été par là même difficiles à établir. Déjà à l'époque coloniale, du fait que l'attribution et la répartition des ressources s'opéraient toujours en fonction des chiffres, les différents groupes ont essayé de manipuler les données pour prétendre à des avantages.

Mais le grand défi reste évidemment celui de la violence. Les facteurs qui la motivent sont nombreux. Il ne fait pas de doute que le premier facteur est historique : quand est née l'idée de mélanger plus de 350 nationalités ethniques pour former un nouvel état moderne appelé Nigeria, on n'a pas cherché à créer aussi un seul peuple, une seule identité nationale.

Or, la situation au nord était déjà instable depuis le XIXe siècle où étaient apparues certaines formes de *jihad* accompagnées de violence. Vient s'ajouter le fait que l'éducation n'a pas été uniformément répartie parmi la population. Une large majorité de la jeunesse musulmane du nord n'a pas reçu d'éducation autre qu'une éducation islamique, ce qui les a rendus entièrement dépendants des dignitaires musulmans.

Cette dépendance est d'autant plus grande que le déclin économique du Nigeria a accru la pauvreté et le mécontentement de la population, manipulée quotidiennement par les politiciens, dont la responsabilité apparaît manifeste.

Généralement, les Nigérians, qu'ils soient musulmans, chrétiens ou fidèles traditionnels, avaient appris à vivre ensemble, mais régulièrement et de manière beaucoup plus fréquente ces dernières années, des tensions ont été orchestrées par différentes factions en vue d'un avantage politique.

Ces manipulations, ajoutées à la faiblesse, voire à une absence totale du gouvernement, aggravent visiblement la situation. Si les forces politiques du pays étaient unies pour combattre la violence et investir dans l'éducation, la crise baisserait aussitôt d'intensité.

Mais l'éducation demeure pour le moment le maillon faible du pays et ce ne sont pas les islamistes de Boko Haram – qui signifie « les livres sont interdits », tout un programme ! – qui vont améliorer la situation.

Également présente au Niger, au Tchad et au Cameroun, cette nébuleuse terroriste entretient des liens étroits avec AQMI (Al-Qaïda au Maghreb islamique). Ce qui se dessine aujourd'hui est le spectre d'un arc panafricain et islamiste qui irait du Mali à la Somalie, avec le Nigeria comme épicentre.

Le plus inquiétant est que Boko Haram semble bénéficier du soutien de certaines élites religieuses, politiques et militaires du nord musulman du Nigéria, ce qui complique bien sûr la donne. Le gouvernement fédéral nigérian veut mener une guerre sans merci à ce mouvement que le Président du Nigéria, Jonathan Goodluck, qualifie à juste titre de cancer. Son nom est-il prémonitoire ? Bonne chance, c'est dans tous les cas ce qu'on peut lui souhaiter, pour le bien du pays et au-delà de toute l'Afrique.

Mais, finalement, les autorités veulent-elles vraiment résoudre ce conflit ? En réalité, cette situation chaotique semble convenir à tout le monde. Le gouvernement en retire une espèce de légitimité en agitant le spectre de l'embrasement définitif, ce qui est censé conditionner la population apeurée à se réfugier sous *l'autorité* supposée de l'État.

Les autorités locales peuvent monnayer le niveau de la violence. L'armée est assurée de conserver un budget conséquent, voire en nette hausse. Les élites du pays peuvent continuer à se partager les ressources importantes du pays, sans avoir à partager avec la majeure partie de la population, confinée dans la désolation. Convenir à tout le monde donc, hormis bien sûr à la majeure partie de la population…

Six cents séminaristes

Dans ce contexte de violence permanente et d'attaques incessantes, le simple fait que la majorité des chrétiens ait résisté à l'esprit de vengeance constitue déjà une bonne nouvelle. Une bonne nouvelle pour le pays, car toutes représailles auraient plongé le Nigeria dans une spirale amplifiée de violence accrue. Une bonne nouvelle aussi pour les chrétiens eux-mêmes, cette maturité témoignant de la profondeur de leur foi.

Si les chrétiens ne répondent pas à la violence, ce n'est pas parce qu'ils n'en éprouvent pas l'ardent désir, ni le penchant si naturel de se laisser aller à la tentation de la revanche. En vérité, c'est uniquement par fidélité au Christ qui leur a appris la totale ineptie de répondre au mal par le mal, le mal finissant par tout emporter.

Sur la Croix, le Christ crucifié crucifie le Mal et la Mort une fois pour toutes, en nous invitant au pardon : *« Père, pardonne-leur, car ils ne savent pas ce qu'ils font. »* (Luc 23, 34) Le pardon est bien la dernière chose que l'on a envie de vivre à ce moment-là. C'est pourtant l'unique moyen d'échapper à la mortelle blessure de la haine et de revenir à la Vie.

Une religieuse travaillant au Nigeria m'a expliqué que les islamistes, qui avaient organisé des attaques, étaient

« incapables de comprendre la détermination de la communauté chrétienne à pardonner à leurs oppresseurs. Malgré tout, poursuivait la religieuse, les églises sont pleines ; ceci nous donne une force énorme. Les musulmans disent que les chrétiens doivent avoir quelque chose de spécial. Ils disent : “Voyez ce que nous leur avons fait et ils continuent à aller à l’église sans chercher vengeance” ».

Autre signe d’espérance, l’engagement unanime de l’Église à œuvrer pour la paix et le témoignage donné à travers le pays. Les évêques sont écoutés et respectés, bien au-delà des 25 millions de catholiques que compte le pays. Leur parole a du poids et petit à petit, on peut imaginer que leurs efforts, relayés et vécus au niveau de chaque paroisse, produiront des fruits de guérison pour l’ensemble du Nigeria.

Enfin, l’Église y dispose de vocations à la fois nombreuses et de qualité. On oppose souvent quantité et qualité ; ici, on a les deux, avec une formation généralement d’un niveau remarquable.

En ce qui concerne les séminaristes, par exemple, il y a une dizaine de grands séminaires diocésains dont le plus important, le grand séminaire Bigard, ne compte pas moins de six cents séminaristes, mais il faut aussi y ajouter les séminaires religieux (spiritains, jésuites, dominicains…) Autre exemple : plus d’un spiritain sur cinq dans le monde vient aujourd’hui du Nigeria. Peu connus en France – ils sont anglophones – ils sont maintenant missionnaires dans le monde entier.

4. Afrique du Sud

Tué à bout portant

Le 8 décembre 2009, j'apprends que le père Louis Blondel, missionnaire en Afrique du Sud, vient d'être assassiné. La nouvelle me choque. L'assassinat d'un prêtre m'affecte toujours, mais là, il s'agit d'autre chose : dix jours plus tôt, j'étais avec lui dans sa paroisse !

Diepsloot est l'un des *township* de Pretoria, la capitale sud-africaine. C'est le genre d'endroits où l'on ne se rend pas par hasard et où l'on évite même d'aller en général. 300.000 personnes y vivent plus ou moins abandonnées à elles-mêmes dans des conditions matérielles rustiques, voire rudimentaires. Imaginez un bidonville de la taille de Nantes…

Le père Louis Blondel, originaire du nord de la France, était âgé de soixante-dix ans. Il avait enseigné la philosophie en Tanzanie pendant quinze ans. En 1987, il était arrivé en Afrique du Sud et avait achevé en juin 2009 son second mandat de supérieur de la Province d'Afrique australe des Pères Blancs (province qui comprend le Malawi, le Mozambique et l'Afrique du Sud).

Après avoir enseigné la philosophie au séminaire Saint-Pierre d'Hammanskraal, fondé Cordis – un centre Emmaüs – et avoir travaillé au développement d'Orange Farm, un immense *township* de Johannesburg, il avait rejoint Diepsloot depuis six mois, où il avait ouvert une nouvelle paroisse. Victime d'un cambriolage, il a été tué à bout portant.

Entre miracle et désillusion

Presque deux décennies après la chute de l'*apartheid*, le pays oscille entre miracle et désillusion. Après les premières élections démocratiques qui s'étaient soldées par la victoire de l'ANC (Congrès National Africain) de Nelson Mandela en 1995 et la nouvelle Constitution entérinant la démocratie multipartite et non raciale l'année suivante, l'Afrique du Sud a été pour bon nombre d'Africains une cause de fierté et l'objet de tous les rêves !

Rappelons que le changement de régime, qui était brutal, s'est effectué sans effusion de sang, et cela en grande partie grâce au charisme de Nelson Mandela, même s'il ne faut pas oublier l'ancien président Frederik de Klerk qui a pris des risques personnels très graves (il est sorti indemne d'une série d'attentats), ce qui leur vaudra de recevoir ensemble le prix Nobel de la Paix pour avoir, conjointement et pacifiquement, mis fin à l'*apartheid* et jeté les bases d'une nouvelle Afrique du Sud démocratique.

Mais ce miracle n'a pas épargné au pays d'immenses difficultés qui semblent toutes plus insolvables les unes que les autres : alors que le pays s'enrichit, étendant son influence à toute l'Afrique australe, les laissés-pour-compte sont légion, la violence explose et le sida aussi, tuant au moins six cents personnes par jour.

Le taux de chômage tourne autour de 40 % et peut monter jusqu'à 80 % dans les *townships*, 8 millions de

Sud-Africains ne disposent pas d'un logement décent, 17 % des écoles n'ont pas l'électricité, un quart des adultes sont illettrés, le tableau est sinistre.

Dans une ambiance de Far West – l'Afrique du sud est l'un des pays les plus dangereux de la planète – les armes ont proliféré, initialement pour se défendre, mais avec comme conséquence immédiate l'augmentation du nombre de délits, en particulier dans le domaine familial. À Johannesburg, on dénombre chaque année près de 18.000 meurtres, soit 50 par jour, 55.000 viols, soit plus de six par heure, et près de 280.000 cambriolages.

Malgré de fortes pressions exercées par les professionnels de l'armement, une nouvelle loi, avec des normes plus restrictives sur le port d'armes, a heureusement été approuvée, ce qui constitue une victoire des ONG, appuyées par l'Église catholique, qui se sont battues avec détermination pour cette limitation avec, comme objectif, une réduction de la violence.

L'Église catholique, 7 % de la population sud-africaine, soit un peu plus de 3,5 millions de fidèles, a par ailleurs été fortement impliquée dans la mise en œuvre de la réconciliation nationale. Dès 1995 a été mise en place une commission Vérité et Réconciliation pour enquêter sur les violations des Droits de l'homme entre 1960 et 1994.

Le rapport final de cette enquête, remis en 2003, a identifié près de 22.000 victimes, ce qui leur ouvrait droit à une indemnisation. Ce service rendu au pays et l'exemplarité du travail effectué ont en quelque sorte établi un standard qui a ensuite servi de modèle dans d'autres pays africains, voire au-delà.

La légitimité de l'Église catholique dans ce combat aura été d'autant plus grande qu'elle se sera fortement impliquée dans la lutte contre l'*apartheid*, même si c'est un archevêque anglican, Mgr Desmond Tutu, qui aura fait figure de principal opposant. De nombreux prêtres et religieuses ont été en prison et le siège de la Conférence des évêques catholiques à Pretoria a même subi un attentat en 1988, juste un mois après la visite de Jean-Paul II. Une partie du bâtiment a brûlé et on peut encore voir certaines archives noircies par les flammes.

L'épiscopat sud-africain est ensuite demeuré très actif dans la vie du pays, invitant par exemple la population à participer au processus démocratique, comme en témoigne ce document de 2004, une petite décennie après la fin de l'apartheid :

> « Comme évêques, nous vous encourageons à vous lever, à prendre vos grabats de fatigue, de déceptions. Levez-vous et marchez. Levez-vous et votez. Levez-vous et intéressez-vous à votre pays. Nous vous appelons à sortir et à voter. Votre voix doit être entendue pour façonner le futur. Dieu nous a aidés à gagner notre libération. Il attend de nous que l'on poursuive ce cheminement à travers le désert, jusqu'au moment où, tous ensemble, nous parviendrons aux verts pâturages. »

L'arc-en-ciel

L'Afrique du Sud reste un point de référence pour tous les Africains. Son devenir est donc primordial dans le sens où il sert de témoin pour l'avenir du continent. Ce que le pays réussit ou non à mettre en œuvre en termes de développement, sa manière de circonscrire ou pas la violence, sa capacité ou incapacité à réduire la fracture sociale sont autant de domaines scrutés avec attention par le reste de l'Afrique.

Membre reconnu des fameux BRICS – les pays émergents qui feront le monde de demain – l'Afrique du Sud continue de susciter une espérance pour le continent – la réussite de la Coupe du Monde de football de 2010 en étant un exemple – mais les signaux négatifs, qui demeurent tout de même inquiétants, restent pour le moment assez nombreux, notamment celui de la violence.

La réconciliation par rapport au passé a été une réussite et l'Église, encore une fois, y a été pour beaucoup, mais la construction de la *nation arc-en-ciel* n'a pas encore abouti. Il y a la question d'un développement équitable, avec une répartition plus juste des richesses du pays, mais aussi celle des tensions ethniques dont l'apaisement est loin d'être réglé. Qu'on le veuille ou non, on est bien en Afrique et ce sont ces défis qui se posent un peu partout sur le continent.

Par son investissement massif dans l'éducation et la santé et par son effort constant en vue d'une plus grande paix sociale, l'Église œuvre au quotidien afin que l'arc-en-ciel ne soit pas simplement un mirage et demeure concrètement un des acteurs-clés de l'espérance en Afrique du Sud et au-delà sur tout le continent.

5. Mali

L'Église a failli disparaître

Koulikoro, port fluvial, on est sur les bords du Niger. Il fait 42°C. Il y règne une impression surannée de vieille ville coloniale à moitié abandonnée. Autrefois, c'était le point de jonction entre le chemin de fer qui arrivait de Dakar et les bateaux qui remontaient depuis Gao. Lieu de rencontre, donc, mais aussi bout de la piste. Aujourd'hui, c'est surtout le bout de la piste.

Je rencontre des militaires italiens qui viennent d'arriver. Nous sommes au début du mois d'avril 2013 et la force européenne de formation de l'armée malienne commence à s'installer. Pendant ce temps, la guerre dans le nord continue et là, ce sont les Français qui font le travail. Le pays a purement et simplement été sauvé par l'intervention militaire du mois de janvier. Tous les Maliens sont vraiment reconnaissants et il fait bon être Français au Mali en ce moment.

L'archevêque de Bamako, Mgr Jean Zerbo, rencontré à son évêché, m'a confié très clairement que sans l'intervention de la France, les chrétiens n'auraient simplement pas fêté Pâques au Mali. Tous les Maliens – et la plupart sont musulmans – savent qu'ils ont échappé à la destruction de leur pays, mais pour les chrétiens – 3 à 4 % de la population – ils savent qu'ils ont échappé à leur disparition. Bien entendu, l'objectif premier de la France n'était pas de sauver l'Église au Mali, mais on peut parler ici d'effet collatéral positif.

Comme dans les Actes des Apôtres au moment où saint Luc relate les persécutions, les chrétiens du Mali, selon l'archevêque, auraient eu le choix entre la dispersion hors du pays, le reniement de la foi avec la conversion à l'islam ou enfin la mort.

C'était la fin de la présence chrétienne au Mali et même certainement au-delà, les troupes rebelles islamistes ayant visiblement prévu de passer aussitôt aux pays voisins, Burkina Faso, Côte d'Ivoire, Guinée et Sénégal, pour empêcher tout secours, mais également pour y instaurer là aussi la *charia*.

Comme une éclipse

La dislocation du Mali avait en réalité commencé en 2012 avec la prise des villes du nord par les rebelles islamistes. La chute de Gao se produisit la veille de la fête des Rameaux et les Pères Blancs avaient échappé de justesse à une mort presque certaine. Selon le gardien de la paroisse, resté sur place, cela s'est joué à une vingtaine de minutes près. Il y eut donc plusieurs mois d'occupation du terrain par les rebelles avec l'application radicale de la *charia* et le reste du pays savait très bien ce à quoi il allait être exposé.

L'archevêque de Bamako avait alors lancé une initiative de prière pour la paix en reprenant la prière de saint François d'Assise, *« Fais de moi un instrument de paix »*. Inutile de dire que l'élection du nouveau Souverain Pontife – François – a été perçue comme un clin d'œil du Saint-Esprit et une confirmation de la pertinence de cette initiative.

En 2012, il y eut également un « coup d'État », ce qui entraîna une période de transition pour laquelle on chercha un Président de transition. Il fut alors sérieusement question que ce soit lui, sauf que Mgr Zerbo refusa catégoriquement. Cela n'en constitue pas moins un vibrant hommage rendu à l'archevêque et, à travers lui, à l'Église catholique au Mali qui ne représente pourtant qu'une infime minorité de la population du pays.

Il faut dire que l'Église, qui a aujourd'hui cent vingt-cinq ans – les premiers missionnaires spiritains sont arrivés en 1888 – jouit d'un grand prestige. Historiquement, elle a toujours contribué au développement des écoles et des dispensaires. Beaucoup de cadres actuels du Mali sont passés par les écoles catholiques.

***

Cent vingt-cinq ans plus tard, que reste-t-il de l'audace et du zèle apostolique des premiers missionnaires ? Dans les villages, « l'Église ressemble à une fleur fanée », me dit-on. Moins de missionnaires, des prêtres diocésains qui travaillent bien, mais qui n'ont pas forcément les moyens nécessaires pour l'accomplissement de leur mission, des communautés peu instruites dans la foi chrétienne, peu visitées et qui finissent par péricliter, le tableau n'est pas très engageant.

En revanche, en ville, le nombre de chrétiens augmente. Nouvelles paroisses, nombreux baptêmes d'adultes, communautés vivantes et motivées, l'Église se développe. Des églises sont construites, mais il en faudrait davantage. Dans un quartier, lorsqu'il n'y a pas d'église, les catholiques se retrouvent chez les uns ou les autres, ou ils finissent par rejoindre le temple protestant du coin. Une fois l'église catholique construite, les gens affluent, la chorale se met en place ainsi que plein de groupes de rencontres, la communauté se développe !

Les catholiques ont d'autant plus besoin de cela pour exister qu'ils sont immergés dans un monde majoritairement musulman. Ils aimeraient bien avoir une nouvelle cathédrale à Bamako, l'actuelle est trop petite, mais le projet nécessite des fonds importants. L'AED va certainement soutenir cette construction, rendue encore plus importante par le contexte actuel du pays.

Lorsqu'on leur demande s'ils préfèrent avoir une salle polyvalente, un centre d'action sociale ou plutôt une église, les chrétiens du Mali répondent tous catégoriquement : une église !

> « En Allemagne, on brade les églises, on les vend, me dit l'archevêque. Moi, je leur ai dit : donnez-moi l'argent d'une église vendue et moi je construis ma cathédrale ! »

Cela peut parfois être difficile à comprendre pour nous, en Occident où il y a pléthore d'églises et où on a mis l'accent sur l'aspect horizontal et social de la mission de l'Église.

L'archevêque poursuit :

> « Un missionnaire européen allait partir après toute une vie passée ici au Mali et je l'ai invité à dîner pour marquer le coup. Il m'a dit qu'il était contre le projet de cathédrale, qu'il valait mieux s'occuper des pauvres. Or, les chrétiens maliens ont envie d'avoir des églises et une visibilité. Ils veulent sortir des catacombes ! Une cathédrale, cela redonnerait courage aux chrétiens. L'ancien président a donné un

grand terrain pour ça en disant : il faut que les gens voient aussi une grande église pour comprendre que ce n'est pas un pays uniquement musulman. »

Et l'archevêque de conclure :

« En ce moment en Europe, c'est comme une éclipse, mais la foi va revenir ! Il ne faut pas tout brader sinon, dans cinquante ans, les gens vont vous insulter. »

Puisse Dieu l'entendre !

***

Au Mali, le fétichisme est très présent. Les gens font la différence entre *Dieu*, puissance supérieure mais un peu inaccessible, et les esprits avec lesquels on doit s'arranger. Ils aimeraient bien en être libérés, d'ailleurs, et le christianisme est censé apporter cette libération, mais, en attendant, il faut bien survivre, même si c'est dans la peur. Tout le monde a son gri-gri, censé le protéger, mais qui, en même temps, le retient captif.

Le problème, c'est que le christianisme doit vraiment être présenté comme une libération de cette captivité et non pas comme une servitude supplémentaire. Petit à petit, en ville surtout avec la modernité, les gens s'éloignent de ces pratiques.

On s'aperçoit aussi que les chrétiens de seconde et troisième génération finissent par être plus libres par rapport à cela également. Il faudra du temps, mais on peut imaginer que les toutes premières générations de chrétiens en Gaule n'étaient pas forcément beaucoup plus émancipées…

La foi plus précieuse que l'or

Au sud du pays brille le mirage de l'or. Près de Yanfolila, qui est une préfecture pas très éloignée de la Guinée, le curé de Goualala me fait visiter une mine d'or proche du village de Kourou. En guise de mine, il s'agit surtout d'une multitude de trous percés dans la colline afin d'accéder à des galeries sommairement construites pour ramasser la terre en espérant tomber sur un filon ou déjà une pépite.

L'or sauvera-t-il le pays ? En attendant, cela perturbe profondément la société locale. Tout le monde s'y précipite, on ne peut plus trouver de main-d'œuvre pour faire autre chose. Même les étudiants abandonnent leurs études dans l'espoir de faire fortune. Qu'en restera-t-il, une fois que la ruée des chercheurs d'or se sera dispersée ?

Comment surtout le pays parviendra-t-il à permettre au mirage beaucoup plus déterminant de l'unité et de la cohésion sociales entre le Nord et le Sud de prendre forme ? L'avenir nous le dira, mais l'Église a visiblement un rôle à jouer dans cette mutation. Reconnue et respectée pour son travail social et pour sa contribution à la paix, elle pourrait attirer un certain nombre de Maliens choqués par la violence des islamistes. Pour le moment, elle poursuit paisiblement sa croissance avec des communautés dynamiques et fières de leur foi.

Dans sa première épître, Pierre nous exhorte :

> *« Vous en tressaillez de joie, bien qu'il vous faille encore quelque temps être affligés par diverses épreuves, afin que, bien éprouvée, votre foi, plus précieuse que l'or périssable que l'on vérifie par le feu, devienne un sujet de louange, de gloire et d'honneur, lors de la Révélation de Jésus Christ. »* (1 P 1, 6-7)

4

Amérique

1. Brésil
2. Colombie
3. Nicaragua

1. Brésil

Entre carnaval et favelas

Le Corcovado. Surplombant la baie de Rio de Janeiro, le Christ rédempteur semble embrasser de toute l'étendue de ses bras l'ensemble de la ville, le Brésil tout entier, voire tout le continent sud-américain. Féérique, la vue s'étend du pain de sucre à Copacabana et même, un peu plus à droite, à Ipanema, l'autre grande plage mythique de la ville.

Mais derrière le décor de carte postale existe aussi un autre monde, un monde de délaissés, de pauvreté et de violence, les *favelas*. Le Brésil, c'est le carnaval, c'est aussi un million de victimes de mort violente au cours des trente dernières années, un bilan comparable à celui d'un pays en guerre.

Les facteurs qui se trouvent à la base de cette violence sont multiples : l'absence de volonté des dirigeants politiques d'adopter des dispositions durables au-delà des effets d'annonce électoraux, la médiocrité de la politique de prévention, le manque d'efficacité dans la lutte contre la criminalité et surtout l'impunité, dès lors que seuls 0,03 % des meurtres sont poursuivis en justice.

Sans être particulièrement dangereuse, Rio de Janeiro nécessite tout de même un minimum de vigilance. Je suis venu rendre visite au bureau brésilien de l'AED, basé à Sao Paulo, mais qui a une antenne également à Rio. Adaptées à la population brésilienne, leurs techniques de communication, utilisant la télévision et le téléphone, sont innovantes et leur permettent de progresser chaque année.

Au pied du Christ Rédempteur, je repense à la prière du père Werenfried, fondateur de l'AED, faite au même endroit quelque cinquante ans plus tôt :

> « Seigneur Jésus, je suis venu de loin pour vous parler au nom des pauvres. Laissez-moi vous le dire : ce que j'ai vu dans ce continent est un scandale. Il règne ici des situations qui sont une honte pour le christianisme. Je sais bien, Seigneur, que je n'ai pas de reproches à Vous faire. C'est nous-mêmes que le reproche atteint. Ici sur la montagne ne se trouve que Votre statue, un Christ de pierre, hissé péniblement à dos de mule, en pièces détachées. Le Christ vivant, c'est nous qui devons l'être. »

Pourquoi une telle érosion ?

Cinquième plus grand pays du monde par la superficie et la population, le Brésil est d'ores et déjà l'un des géants économiques de la planète et poursuit son développement de manière soutenue.

La situation de l'Église y est particulière : sur les 194 millions d'habitants, le pays compte 128 millions de catholiques, soit les deux tiers de la population, ce qui en fait le plus grand pays catholique de la planète. L'épiscopat est également le plus nombreux du monde, avec 417 évêques et 38 archevêques. Cette Église compte 268 diocèses, archidiocèses et prélatures.

Jusqu'aux années 70, la religion catholique était non seulement celle de l'immense majorité des Brésiliens, mais elle avait presque le monopole des croyances religieuses. Le recensement de 1980 enregistra, pour la première fois dans l'histoire du Brésil, un pourcentage de catholiques légèrement inférieur à 90 %. Dix ans plus tard, ils n'étaient plus que 83 %. Encore une décennie et le pourcentage était tombé en 2000 à 74 %.

Aujourd'hui, les catholiques ne sont plus que 66 %, soit une érosion continue sur une période de trente ans pendant laquelle s'est déroulé un processus de diversification religieuse avec un développement des Églises évangéliques, traditionnelles ou pentecôtistes, et les « sans-religion ». Les autres religions – spiritisme, umbanda, religions orientales, judaïsme, islam – stagnent depuis 1980 aux environs de 3 % de la population brésilienne.

Les raisons de cette érosion sont certainement nombreuses et complexes. On cite généralement les changements culturels de caractère général – modernisation, sécularisation, individualisme, subjectivisme, relativisme, hédonisme – mais ces changements affectent en même temps toutes les religions.

Deux facteurs semblent avoir été essentiels : d'une part, liée à la croissance démographique, l'importance des migrations à l'intérieur du pays – les personnes perdant leurs repères habituels – et d'autre part, la réponse insuffisante de l'Église pour prendre en compte ces populations arrivées dans des régions de peuplement récent ou dans la périphérie des grandes métropoles.

En définitive, le développement institutionnel a été inadéquat et la disponibilité d'agents pastoraux, ne serait-ce que les prêtres, a été notoirement insuffisante. En quelque sorte, on peut dire que ce ne sont pas les fidèles qui ont abandonné l'Église, mais que c'est elle qui n'a pas su les accompagner de manière satisfaisante.

Cela peut paraître paradoxal, mais l'Église catholique au Brésil manque cruellement de moyens humains et financiers pour servir pastoralement, de manière satisfaisante, les fidèles catholiques. Or, on ne « fabrique » pas un prêtre en claquant des doigts ni en trois mois et en fin de compte, pour se doter de moyens pastoraux adaptés, l'argent reste, là comme ailleurs, le nerf de la guerre. C'est la raison pour laquelle le Brésil reste l'un des premiers bénéficiaires du soutien de l'AED.

Pour les évangéliques et autres groupes religieux dont certaines sectes importantes, il existe souvent des financements bien plus conséquents, en provenance des États-Unis par exemple ou parfois même d'origine plus douteuse – blanchiment d'argent de narcotrafiquants. Par ailleurs, la formation d'un pasteur ou d'un animateur local est en général beaucoup plus rapide et son recrutement nettement plus facile.

Pour l'Église catholique, on se retrouve avec des paroisses démesurées et un épuisement prématuré des forces physiques et spirituelles du prêtre. Quand le curé doit s'occuper de plusieurs milliers de catholiques pratiquants, la simple administration des sacrements peut rapidement devenir totalement chronophage et ne plus laisser de temps ni d'énergie pour un accompagnement pastoral de qualité, ce qui faciliterait l'exode de fidèles vers d'autres Églises.

Avec plus de prêtres et plus de moyens qui permettraient d'établir de nouvelles paroisses, la courbe serait certainement inversée. Les exemples ne manquent pas, où l'ouverture d'une paroisse a aussitôt entraîné le retour à l'Église catholique de nombre de pratiquants.

Finalement, le constat est assez simple : la nature a horreur du vide et en l'absence de l'Église catholique, les Brésiliens naturellement religieux sont allés chercher ailleurs de quoi répondre à leur soif spirituelle.

Un chant nouveau

Les raisons d'espérer ne manquent pourtant pas. Premièrement, l'Église catholique est respectée pour les services qu'elle apporte à la société brésilienne. Très engagée dans le domaine social, l'Église a mis en œuvre toute une batterie de « pastorales sociales » qui traitent des questions aiguës de la société – santé, prisons, femmes marginalisées, migrants, enfance.

La plus connue est la pastorale de la terre qui, même si elle a tendance à être *récupérée* par les politiques, contribue fortement à la défense des paysans sans terre, qu'ils en aient toujours été privés ou qu'ils aient été expropriés.

Ensuite, en même temps que l'accent mis sur le développement social, certains courants spirituels ont également vu le jour dans l'Église. Le renouveau charismatique, par exemple, s'est très bien implanté, renouvelant les paroisses et proposant des groupes de prière aux personnes désireuses de s'engager.

Les communautés de vie et d'alliance sont nombreuses – plusieurs centaines – et vivent un fort élan vocationnel et missionnaire. Cela a certainement permis d'endiguer le départ de multitudes de catholiques plus attirés par la dimension affective mise en avant par les églises évangéliques.

L'Église a par ailleurs investi dans les médias avec des radios et télévisions catholiques dynamiques qui diffusent des programmes sur la totalité de cet immense pays, même si elles disposent d'infiniment moins de moyens que leurs concurrentes protestantes et évangéliques.

Enfin, l'Église au Brésil est une Église jeune, pourvue d'un fort potentiel missionnaire. Elle envoie actuellement 1.600 missionnaires à l'étranger dont 600 en Afrique, 49 en Amérique du Nord et 331 en Europe, y compris en France comme *Cançao Nova* (*Un chant nouveau*), *Shalom*, *Nova Aliança*… Quand la plus grande Église catholique au monde vient réveiller la fille aînée de l'Église !

2. Colombie

Seulement 125 assassinats

Cali est la deuxième plus grande ville de Colombie. Après Bogota, la capitale, perchée à 2600 m, l'atmosphère tropicale de la ville, située 1600 m plus bas, se laisse apprécier. Cali est la capitale colombienne de la salsa, me dit-on en arrivant, mais là, comme ailleurs dans le pays, ce côté festif et déluré ne doit pas occulter le climat d'extrême violence qui y règne.

Septième pays au monde pour le nombre de catholiques, la Colombie est en même temps considérée comme étant l'un des pays les plus dangereux de la planète en raison du narcotrafic, des multiples exactions des différents groupes paramilitaires et d'une « culture » de violence qui s'est développée depuis un demi-siècle et qui germe sur un terreau d'extrême pauvreté.

Nous sommes début juillet 2011 et les autorités municipales de Cali sont satisfaites : il n'y a eu que 125 assassinats dans la ville au mois de juin, soit 39 de moins que le mois précédent ! Cela représente une baisse de 24 %, ce qui n'est pas négligeable, même si un peu plus de quatre assassinats par jour reste un chiffre peu rassurant.

Les chiffres sont à peu près les mêmes dans les deux autres grandes villes de la Colombie, Bogota et Medellin, la tristement célèbre ville au cœur du narcotrafic, même si la situation est moins pire qu'il y a quelques années.

Des prêtres comme cibles

Au début de la Semaine sainte de 2011, Benoît XVI avait appelé à la fin de la violence et à la paix en Colombie. S'unissant à la Journée de prière pour les victimes de la violence qui allait être célébrée le Vendredi saint, le Pape a appelé les Colombiens de manière pressante « à la conversion, au repentir et à la réconciliation », tout en s'écriant : « Plus jamais de violence en Colombie, que la paix règne en elle ! »

Cette Journée était à l'initiative de la Conférence épiscopale de Colombie dont le secrétaire, Mgr Juan Vicente Cordoba Villota, évêque auxiliaire de Bucaramanga, avait présenté l'enjeu : « J'invite tous les catholiques et tous les Colombiens de bonne volonté à méditer profondément sur les souffrances et sur la réalité des victimes de la violence », ajoutant : « Je demande aux parlementaires d'écouter la voix du peuple colombien afin de pouvoir gouverner avec responsabilité sociale et en faveur des victimes. »

L'évêque a précisé que « l'Église n'avait pas de solutions techniques spécifiques ou de soutien à apporter à un quelconque parti politique, mais qu'elle suivrait de près le processus législatif en cours et continuerait à travailler afin que les droits des pauvres et des citoyens les plus faibles soient reconnus et protégés de manière efficace ». « La violence sous ses différentes formes a été une constante dans l'histoire politique et sociale de notre nation, a-t-il conclu, les victimes de ce phénomène ont été nombreuses, mais elles demeurent dans la plupart des cas invisibles et oubliées. »

La Journée de prière se voulait donc un moyen pour montrer la solidarité des Colombiens envers les victimes et pour « les accompagner dans leur parcours de réconciliation et de pardon ».

Il faut dire que même si l'armée a reconquis certaines régions du pays ces dernières années, force est de constater que les violations des droits humains et l'impunité quasi totale persistent en Colombie. Début juin 2011, et pour marquer les 300 jours de l'entrée en fonction du nouveau Président colombien Juan Manuel Santos, de nombreuses organisations européennes avaient haussé le ton pour exiger des gouvernements du continent une pression plus conséquente et active sur Bogota.

« Les bonnes paroles ne freinent pas la violation des droits humains en Colombie », soulignait le document qui donnait quelques chiffres : de juillet 2010 à avril 2011, on pouvait dénombrer 206 agressions individuelles contre des défenseurs des droits humains, y compris 34 assassinats, 15 dirigeants paysans, qui réclamaient le droit à la terre pour leurs communautés, également assassinés, 230 cas d'agressions contre des syndicalistes, dont 24 assassinats et 122 cas d'assassinats commis contre des dirigeants indigènes.

Plus de 36.000 personnes ont été victimes du déplacement forcé, rien que pendant le premier trimestre 2010. Il est question de restituer 2 millions d'hectares aux paysans déplacés, mais le total des terres volées est de 6 millions d'hectares. Que deviennent les 4 millions restants ?

Concernant l'impunité, qui avoisine 97 % des cas dénoncés selon le Bureau international des droits humains

– Action Colombie, sur plus de 50.000 démobilisés dans le cadre du processus ouvert par la Loi 975 dite « Justice et paix », promulguée en 2005, la Cour suprême de justice n'a prononcé qu'une seule condamnation ferme…

Autre exemple, de 2001 à 2009, 490.000 femmes ont été victimes de violences sexuelles. Sur les 70.780 délits confessés par les paramilitaires, seuls 69 cas se réfèrent explicitement aux violences sexuelles, mais jusqu'ici, aucune sentence n'a été prononcée contre ce type de crime.

Dans ce contexte, l'Église veut renforcer son soutien aux victimes des paramilitaires. Dans l'édition du 26 avril 2011 du quotidien *El Colombiano*, Mgr Julio Cesar Vidal Ortiz, évêque de Monteria, au nord du pays, a reproché au gouvernement son inaction vis-à-vis des groupes armés illégaux et affirmé que l'Église devait reprendre l'initiative et contacter des organisations internationales telles que la Croix Rouge, les Nations unies ou l'Organisation des États américains.

Autre grand défi, le fléau des enfants-soldats dont le nombre avoisinerait les 11.000 en Colombie. Une note de l'agence de presse brésilienne ADITAL indique qu'à ces milliers de jeunes doivent être ajoutés les autres enfants utilisés en tant que « détecteurs de mines antipersonnel » par les armées, de manière à ce que ces dernières puissent avancer sans dommages…

Les groupes paramilitaires et les guérillas continuent à attirer dans leurs rangs les enfants, par la ruse ou par la force, en organisant même des campagnes de recrutement dans les écoles.

***

Que ce soit pour son engagement en faveur de la justice et la paix, ou parfois simplement parce que l'Église est au service des plus pauvres, y compris dans les zones les plus dangereuses, elle en paie souvent le prix, et notamment à travers les prêtres, particulièrement visés, ce qui fait de la Colombie le pays qui détient le record du nombre de prêtres assassinés. En guise d'illustration, voici une courte biographie des quatre prêtres tués pendant le premier semestre 2011.

Le 26 janvier, les pères Rafael Reatiga Rojas, trente-cinq ans, économe du diocèse de Soacha (périphérie de Bogota) et également curé de la cathédrale Jesucristo Nuestra Paz, et Richard Armando Piffano Laguado, trente-sept ans, curé de l'église de San Juan de la Cruz de Ciudad Kennedy, ont été abattus dans leur voiture dans le quartier de Dindalito, quartier populaire dans la périphérie sud de la capitale.

Selon les témoignages des deux communautés paroissiales, les prêtres en question étaient très affables et engagés auprès de la population, entièrement dédiés à leurs paroisses. Ils n'avaient de problèmes avec personne.

Trois semaines plus tard, le père Luis Carlos Orozco Cardona, vingt-six ans, vicaire de la cathédrale, était abattu par un mineur à Rio Negro (Antioquia), le soir du 12 février. Les motifs de son acte restent pour l'instant inconnus.

« Nous déplorons profondément le vil assassinat du père Luis Carlos Orozco Cardona », indique le communiqué signé par l'évêque du diocèse et par le presbyterium.

> « Ceci démontre, une fois encore, la grave crise des valeurs humaines et chrétiennes dont souffre notre société à cause

de l'oubli de Dieu et du mépris de la vie humaine et de la dignité de la personne humaine. »

Le 12 mai, c'était au tour du père Gustavo Garcia, eudiste de trente-quatre ans. Le prêtre attendait le bus dans la rue 68 à Bogota pour se rendre au chevet d'un malade et parlait au téléphone, lorsqu'un délinquant l'a surpris et l'a blessé grièvement à l'aide d'un couteau pour voler son téléphone, blessure dont il ne devait pas se remettre.

D'une manière générale, la plus grande prudence reste de mise, surtout dans les quartiers difficiles où les prêtres, malgré le danger, restent pour assurer leur mission pastorale auprès des plus démunis. En général, ils savent anticiper et sentir le danger, mais sans jamais être à l'abri d'incidents plus graves.

On le voit bien, certaines agressions ne relèvent pas d'une quelconque discrimination, mais simplement d'une délinquance violente. Il n'en demeure pas moins que c'est par fidélité de l'Église à servir les plus pauvres dans les quartiers les plus exposés que ce genre de tragédies peut se produire. Si les prêtres restaient dans les quartiers cossus, le prix à payer ne serait pas le même, mais leur configuration au Christ ne serait sans doute pas la même non plus.

« L'Église a un rôle irremplaçable »

Cela n'empêche pas l'Église d'assurer un réel service auprès de la population, y compris sur le plan social. Même le gouvernement colombien passe souvent par les paroisses pour la distribution d'aide alimentaire, sachant très bien que l'Église seule dispose du maillage et de la compétence nécessaires pour atteindre au plus près la population.

Selon le Vice-Président de la Colombie, Angelino Garzon, rencontré à Bogota, « l'Église a un rôle irremplaçable » à la fois dans le travail social, où il reconnaît « sa très grande efficacité », et pour la réconciliation du pays.

Il faut dire que l'Église a pignon sur rue : elle a fondé les collèges, les hôpitaux, les centres de soin, les universités et tout cela, les Colombiens ne l'ont pas oublié. Ils savent aussi que l'Église est l'unique organisation officiellement chargée par le gouvernement de négocier avec les FARC et autres groupes armés.

Par ailleurs, c'est une Église jeune : la moyenne d'âge du clergé est sous la barre des cinquante ans, avec certains diocèses encore plus jeunes comme celui de Barranquilla où elle est de trente-huit ans ! Le nombre de prêtres augmente. Les ordres religieux sont vivants, en particulier les dominicains et les ordres apostoliques avec des congrégations très spécifiques comme, par exemple, une communauté de sœurs dédiées à la formation et à l'évangélisation des tribus indigènes dans la jungle.

Avec 87 % de la population se déclarant catholiques, on constate que la société est encore profondément chrétienne. Même les lointaines JMJ de Madrid ont réussi à réunir 5000 Colombiens, ce qui est un exploit au vu de l'éloignement et du niveau de vie du pays.

À noter la présence de deux communautés colombiennes chez nous en France, dans le diocèse de Fréjus-Toulon :

les Missionnaires du Christ Maître et la communauté de l'Immaculée Conception. C'est la Colombie qui vient nous évangéliser !

3. Nicaragua

Tremblements de terre

Managua, la capitale, a été pratiquement rayée de la carte par des tremblements de terre en 1885, 1931 et enfin le 23 décembre 1972 où il y eut 10.000 morts et 500.000 sans-abri. Elle ne s'en est jamais vraiment relevée. La ville nouvelle s'est construite à côté de la vieille ville, de manière un peu anarchique.

La cathédrale a beaucoup souffert, le toit s'est écroulé, mais l'immense édifice recèle encore un peu de sa gloire passée. Aujourd'hui réduite à un vaisseau fantôme dans la partie abandonnée de la ville, elle est le symbole de cette ville morte.

***

En visitant ces ruines, je ne peux m'empêcher de repenser au Japon où j'étais dix mois plus tôt. Avec Régis Anouil, rédacteur en chef d'*Églises d'Asie*, le service d'information des MEP (Missions Étrangères de Paris), nous terminions notre séjour dans l'archipel nippon et revenions de Nagasaki, le cœur historique de la chrétienté japonaise. Fondée par saint François-Xavier le 15 août 1549, l'Église au Japon sera très rapidement violemment persécutée au point de disparaître, du moins officiellement.

En réalité, des familles chrétiennes entretiendront le flambeau de la foi dans une clandestinité absolue et sans aucun secours sacramentel pendant trois siècles. Quelle ne sera pas la surprise – et l'émotion – des premiers missionnaires MEP à la découverte, dans les années 1860, de ces communautés enfouies qui seront restées fidèles à la foi dans ces conditions ?

La veille de notre retour en France, le 11 mars 2011, nous terminions notre tournée de rendez-vous à Tokyo quand soudain, en plein cœur de cette immense mégalopole de 30 millions d'habitants, la terre se mit à trembler.

D'abord réjouis d'expérimenter un tremblement de terre, notre premier en dix jours de présence, plusieurs facteurs vont rapidement nous faire changer d'avis : la secousse est tout de même très impressionnante (magnitude 9.0, mais l'épicentre est heureusement à plus de 400 km de Tokyo), ensuite elle n'en finit pas et, point d'orgue, même les Japonais semblent inquiets !

Les gigantesques tours qui nous environnent oscillent ostensiblement, nous voyons les lustres des premiers étages tourner à l'horizontale comme les pales d'un ventilateur, tout le monde s'est précipité au milieu du gigantesque carrefour où nous sommes, les personnes sont sorties de leur voiture… il n'y a rien à faire, sauf à attendre.

Finalement, tout se passe bien, mais le retour à la maison des MEP et l'acheminement à l'aéroport le lendemain relèveront du parcours du combattant : plus rien ne marche, le métro et les trains sont interrompus, les taxis sont pris d'assaut et les secousses se poursuivent tout au long de la nuit et jusqu'à l'aéroport. Nous n'apprendrons que quelques heures plus tard la tragédie du tsunami et de l'accident de la centrale nucléaire.

***

Retour à Managua. Le Nicaragua était le pays le plus riche d'Amérique centrale au début du XXe siècle. Maintenant, il est le plus pauvre d'Amérique latine après Haïti, et les tremblements de terre ne sont pas seuls en cause ! Paradoxalement, c'est aussi le pays le plus sûr d'Amérique centrale, comme quoi il n'y a pas d'indexation automatique entre la pauvreté et la violence ! Cela étant, la police est très présente, il y a peut-être un lien de cause à effet…

Il faut dire aussi que la comparaison avec le reste de l'Amérique centrale n'est pas forcément élogieuse : c'est l'une des régions les plus dangereuses au monde, avec des taux d'homicides qui dépassent l'entendement ! Un seul exemple : avec 91,6 homicides pour 100.000 habitants, on a 130 fois plus de risques de mourir de mort violente au Honduras qu'en France (taux officiel : 0,7).

Entre guerres civiles et narcotrafiquants

Isthme qui relie le nord et le sud du continent, l'Amérique centrale regroupe sept pays avec un certain nombre de points communs. Majoritairement catholiques, mais avec une pratique faible et une concurrence importante des sectes, ces populations sortent pour la plupart de guerres civiles récentes et restent plongées aujourd'hui dans un environnement violent, entre narcotrafiquants et misère généralisée.

Au Panama, l'Église est l'institution la plus crédible du pays, mais les prêtres ne sont pas assez nombreux pour accompagner une pratique, bien que celle-ci soit devenue marginale. Le développement économique important du pays (revenus du canal, gros investissements immobiliers) expose le Panama à une sécularisation accélérée, mais la richesse apparente ne profite qu'à une minorité.

Dans ce *Dubaï* centraméricain, l'Église développe néanmoins une pastorale missionnaire pour l'évangélisation et l'éveil des vocations qui commence à porter du fruit. Le 12 janvier 2013, le diocèse de Panama, premier diocèse de la terre ferme américaine, fêtait son 500e anniversaire !

Le Costa Rica est, avec le Panama, le seul pays à peu près calme de la région, avec un indice de violence inférieur à ses voisins occidentaux, même si la situation évolue petit à petit, avec l'arrivée rapide de narcotrafiquants qui souhaitent accroître leur territoire. Particularité du pays : l'absence d'armée, dissoute en 1948 pour mettre un terme aux coups d'État permanents. Le tourisme s'y développe, mais surtout sur les côtes, Pacifique au sud et Atlantique avec les Caraïbes au nord.

L'Église au Costa Rica ne connaît pas de grosses difficultés. À Cartago, près de San José, la capitale, se trouve le sanctuaire national de *La Negrita*. Le 2 août connaît un afflux de pèlerins avec la visite de 2 millions de personnes, provenant également des pays avoisinants.

Au Nicaragua, l'Église bénéficie d'une réelle légitimité même si les sectes, qui constituent une activité commerciale souvent lucrative, se développent. L'Église a intégré depuis une dizaine d'années un dynamisme missionnaire qui commence à porter des fruits. Mais demeure une tension latente avec le gouvernement, dont l'aide financière est sous conditions, ce qui réduit d'autant la liberté de parole de l'Église. Le pays est aujourd'hui sous la coupe d'Ortega, ancien sandiniste qui vient d'être réélu, mais les fraudes massives et le conflit larvé avec l'Église ont poussé les évêques à boycotter la cérémonie d'investiture.

Mgr Mata Guevara, l'évêque d'Estelí, la troisième ville du pays, a beaucoup servi de médiateur à l'époque de la guerre civile. Il a une parole forte, reconnue dans le pays. Son diocèse, au nord du pays, va jusqu'au Honduras. C'est la région traditionnelle des *contras*. Il pense que la guerre va reprendre !

L'armée et la police sont à nouveau très offensives contre les anti-sandinistes. Les *contras* sont à nouveau armés, sans doute depuis le Honduras avec un soutien des États-Unis assez probable, tandis que les milices anti-gouvernementales du Honduras reçoivent de leur côté des armes de l'armée nicaraguayenne, ce qui est de bonne guerre.

Vingt ans après les accords de paix signés le 16 janvier 1992, le Salvador ne risque pas à court terme de nouvelle guerre civile, mais la violence y demeure un fléau dramatique, notamment du fait de l'existence des Maras, gangs hyper violents. Après les accords de paix, les États-Unis ont renvoyé au pays beaucoup de Salvadoriens qui y avaient trouvé refuge, mais, parmi eux, certains n'ont pas trouvé de travail ni voulu s'insérer à nouveau dans la société pauvre du Salvador et ont basculé dans la criminalité.

L'Église reste durablement marquée par la décennie sanglante des années 80, avec des meurtres à grande échelle. Parmi les victimes les plus connues, on peut citer Mgr Oscar Romero, archevêque de San Salvador, assassiné le 24 mars 1980 et d'ores et déjà vénéré par les Salvadoriens sous le vocable de saint Romero d'Amérique, ainsi que quatre religieuses américaines également assassinées en 1980 ; neuf ans plus tard, le 16 novembre 1989, six jésuites sont tués à l'Université jésuite de la capitale, abattus dans le petit jardin de leur résidence. Aujourd'hui, six rosiers rouges ont été plantés dans ce jardin qui demeure un mémorial de leur martyre.

Atterrir à Tegucigalpa, la capitale du Honduras, c'est déjà en soi toute une expérience. La ville est au fond d'une cuvette et l'avion doit raser la paroi des montagnes pour, au dernier moment, plonger sur la piste… Ici aussi, la violence est omniprésente. Dans un quartier de logement de déplacés où l'Église est très impliquée, le prêtre qui dessert ce lieu a récemment été attaqué. Dalila, une laïque, me montre son chapelet : « Mon arme, c'est ça ! »

La société est complètement instable, notamment à cause de la fragilité de la famille. Beaucoup de couples ne sont pas mariés, les filles sont enceintes à seize ans, beaucoup ont plusieurs conjoints, au gré de leurs déplacements. Personne ne s'occupe des enfants…

Les sectes arrivent des États-Unis chaque jour. Elles ont ainsi une « vitrine » dans un pays pauvre pour faire de la collecte de fonds dans leur pays d'origine. Elles se développent également en rémunérant des laïcs catholiques engagés, des catéchistes par exemple, alors que l'Église catholique ne les paie pas. Certains succombent à la tentation !

Après une guerre civile larvée de trente-six ans (1960-1996) qui n'a rien changé, la pauvreté ne cesse d'augmenter au Guatemala, le changement climatique et les narcotrafiquants, arrivés tous les deux il y a une décennie, n'arrangeant rien. La gangrène de la drogue opère une corruption généralisée dont on ne voit pas comment le pays, ni toute l'Amérique centrale, pourra guérir.

Prenons l'exemple d'un paysan. Son terrain de maïs rapporte 1000 $ par an. Les narcos viennent et lui disent : « Maintenant, il va te rapporter 10.000 $, tu ne t'occupes de rien et on assure ta protection. C'est ça ou on te massacre ! » Les narcos gangrènent une région, rendent de petits services – médicaments, nourriture – et assurent effectivement une « protection ». Tout le monde se tait et finalement protège même les narcos. Comme les forces de l'ordre qui finissent également par être achetées...

Mais le fond du problème reste néanmoins l'accaparement de la richesse par une petite minorité qui vit très bien dans un océan d'extrême misère. Le Nonce me parle de deux à trois cents familles qui possèdent tout et qui ne veulent surtout pas que ça change. « Pourquoi développer le pays ? Le gâteau serait plus gros et il y aurait plus de monde autour », me dit-il en évoquant leur mentalité. Alors, il y a aussi des riches qui ont le sens de l'équité, mais bon, le système est fait pour durer...

L'incapacité des Guatémaltèques, vingt-quatre ethnies différentes et très divisées, à se mettre d'accord n'arrange rien. Rigoberta Menchú, prix Nobel de la Paix en 1992, s'est présentée aux élections, forte d'une base électorale, les indigènes, représentant 62 % de la population. Elle n'a eu que 3 % !

L'Église est assez dynamique, avec 60 % de catholiques, mais ne dispose que de moyens assez limités. Par exemple, les deux évêques auxiliaires de Guatemala City, la capitale, sont également curés de paroisse, tout simplement parce qu'il n'y a pas de budget pour leur assurer un salaire décent autrement.

Pour une écologie humaine

Unanimement et à juste titre, l'écologie est aujourd'hui reconnue comme étant une préoccupation indispensable. Il reste à espérer qu'en même temps que les considérations environnementales, on n'oublie pas… l'être humain ! Avec l'objectif d'une réelle dignité pour chaque personne, de sa conception à sa mort naturelle, l'écologie humaine sera sans doute le prochain combat majeur des générations à venir.

Dans cette optique écologique, on pourrait se poser la question : à quand une prise de conscience de la nocivité de la drogue ? Sans même parler des dommages corporels pour le consommateur, comment nier aujourd'hui les tragédies que *l'industrie* de la drogue produit ?

Au-delà de la *satisfaction* de leurs propres besoins *d'évasion*, il faudrait tout de même que les consommateurs se rendent compte que leur *dose* n'a pu leur parvenir qu'après avoir franchi des montagnes de cadavres et des rivières de sang. Rien qu'au Mexique, on évalue à 50.000 le nombre de morts violentes liées à la drogue depuis six ans, plus de la moitié d'entre elles rien qu'au cours de ces deux dernières années.

Dans ces conditions, il peut paraître quelque peu déplacé que certaines autorités gouvernementales encouragent, même indirectement, la consommation de drogue, en prônant et organisant l'ouverture de salles de *shoot*... Seule une réelle éducation sur les méfaits dramatiques de la drogue pourra à terme réduire d'intensité la consommation et conséquemment la tragédie qui en découle.

Il semblerait d'ailleurs que l'évolution de la consommation dans les pays *riches* tende à stagner, voire à baisser, tandis qu'elle augmente rapidement aujourd'hui dans les pays *pauvres*. Le problème pour les narcos réside dans la diminution effective du prix de vente dans ces pays, liée à un pouvoir d'achat évidemment bien inférieur : à terme, les revenus risquent de baisser.

On peut imaginer que *l'investissement* dans la drogue deviendra moins attractif, surtout si, de manière concomitante, on assiste au renforcement de l'État de droit dans ces pays avec une volonté politique affichée de résoudre ce fléau. Évidemment, cela fait beaucoup de conditions à réunir, mais rien ne nous empêche de l'espérer.

Quant à l'Église, globalement respectée dans ces pays et disposant d'une voix plus forte qu'auparavant, les troubles internes liés à des options théologiques parfois radicalement opposées s'estompant, on peut espérer que son travail d'éducation accompagné de son combat pour davantage de justice sociale ne manqueront pas de porter leurs fruits.

5

Europe

1. Ukraine
2. Kosovo
3. France

1. Ukraine

Le Yak 42

Lviv, début décembre 2009. En pleine tempête de neige, l'avion a du retard, j'attends dans le hall lugubre du minuscule aéroport de la ville. Le vol pour Kiev est finalement annoncé. Nous montons à bord de l'avion, il s'agit d'un Yak 42 : on se croirait dans un film des années 50 en noir et blanc, l'habitacle ressemble à une pièce de musée. Sur la piste enneigée, il me reste à croire – et à espérer – que le pilote a l'habitude de faire voler cette antiquité.

C'est la seconde fois que je viens à Lviv, cette fois pour un reportage en partenariat avec KTO. La première fois, c'était en septembre 2005 pour l'inauguration du grand séminaire de Lviv. L'inauguration d'un séminaire, c'est quelque chose d'assez rare aujourd'hui, du moins en Europe. C'est d'autant plus remarquable que l'Église gréco-catholique, puisque c'est d'elle qu'il s'agit, a échappé de justesse à une totale extinction.

Vouée à l'anéantissement par Staline et violemment persécutée jusqu'au début des années 90, il n'en restait plus grand chose en Ukraine. C'est la diaspora, et sans doute le sang de tant de martyrs, qui permettront à cette Église catholique de rite byzantin de revenir à la vie et de se développer de manière exponentielle en si peu de temps. Largement financé par l'AED, le séminaire inauguré compte déjà plus de 200 séminaristes et la formation y est d'une qualité remarquable.

Une révolution éphémère

Le début du XXIe siècle a connu une vague révolutionnaire sans précédent, chaque pays concerné adoptant en général une couleur ou une fleur comme symbole de leur mouvement. Pour les fleurs, on a eu par exemple les roses en Géorgie en 2003, les tulipes au Kirghizistan en 2005 et le jasmin en Tunisie en 2011. Pour les couleurs, citons l'orange en Ukraine en 2004, le bleu au Koweït en 2005 et le vert en Iran en 2009.

Le côté arc-en-ciel et un peu ludique de ces dénominations ferait presque oublier la gravité des changements opérés et les enjeux pour la population locale, sans compter les risques pris par tant de personnes soudainement aux prises avec l'Histoire. Mais celle-ci s'écrit rarement de manière linéaire et les retours en arrière sont toujours possibles. Six ans après la révolution orange, l'Ukraine effaçait les couleurs et se prononçait pour un retour à l'uniformité russe.

Dans la lutte qui opposa les deux Victor pour l'élection présidentielle de 2010, les 5 % obtenus par Victor

Iouchtchenko, le président sortant, sont à la mesure de la déception après l'enthousiasme suscité par la révolution. Symbole du passé soviétique et de l'ingérence du voisin russe dans les affaires ukrainiennes, Victor Ianoukovitch contrôlait à nouveau tous les pouvoirs.

Les conséquences de ce tournant n'ont pas tardé à se manifester : choix d'un premier ministre, Mykola Azarov, ne parlant pas ukrainien – la langue officielle du pays – signature d'un accord qui prolonge jusqu'à 2042 au moins la présence de la flotte russe à Sébastopol, déclarations du président Ianoukovitch déniant la nature de génocide à la famine meurtrière de 1932-1933 (délit en principe puni par la loi), réhabilitation du stalinisme... le retour en arrière est évident.

Dans le domaine religieux, le caractère œcuménique fixé par les règles du protocole concernant la cérémonie d'investiture fut purement et simplement ignoré, seuls les orthodoxes du Patriarcat de Moscou ayant été invités. Le patriarche Kyrill s'est déplacé, apportant lui-même la bénédiction de Dieu – on l'espère – mais la bénédiction de Moscou – c'est certain.

En réalité, la Russie n'avait jamais digéré la perte de l'Ukraine. Son histoire y est liée – c'est là à Kiev que la *Rus'* a été baptisée – ses ressources agricoles en dépendent, ainsi que son accès aux mers chaudes... bref, les raisons ne manquent pas. Concernant l'Église orthodoxe, l'Ukraine représente la moitié des fidèles et des ressources du Patriarcat de Moscou : autant dire que là aussi, l'État et l'Église russes sont unies – voire une – autour d'un intérêt commun.

Au fil des semaines, le malaise s'est transformé en peur : non seulement les orthodoxes autocéphales et les gréco-catholiques étaient parfaitement ignorés, mais il y eut ensuite des attentats contre les lieux de culte. Déprédations, incendies criminels, bombes artisanales, l'éventail des attaques ne manquait pas d'envergure.

Les premières années d'indépendance avaient déjà vu de nombreux conflits entre groupes religieux pour la possession des lieux de culte, surtout entre orthodoxes des différentes juridictions et, à un degré moindre, entre orthodoxes et gréco-catholiques, mais la situation s'était apaisée. La résurgence des conflits, et surtout le tour violent qu'ils ont rapidement pris à partir de 2010, illustraient l'attitude agressive du nouveau gouvernement en matière religieuse.

Il y eut ensuite des cas d'intimidation, le plus connu étant celui dirigé contre le père Borys Gudziak, d'origine ukrainienne, mais né aux États-Unis, diplômé d'Harvard et recteur de l'Université catholique d'Ukraine.

Cette université, qui se trouve à Lviv, joue un rôle important dans le pays, bien au-delà de sa taille, que ce soit dans la lutte contre la corruption, pour l'œcuménisme ou dans le domaine social comme l'a montré le succès des Semaines sociales ukrainiennes qu'elle a organisées. C'est la seule université catholique de toute l'ex-Union soviétique et Benoît XVI a déclaré en 2008 qu'elle constituait « un appui solide pour l'action œcuménique ».

Déjà menacé d'expulsion en 2001 par le SBU, le service de sécurité ukrainien qui a remplacé le KGB dans le pays, le père Gudziak reçut à nouveau la visite des agents du SBU le 18 mai 2010, exigeant qu'il signe une lettre de collaboration.

Ayant protesté dès le lendemain contre cette tentative, l'affaire a vite pris des dimensions internationales, avec une déclaration du Département d'État américain et des articles dans *The Economist* et d'autres journaux anglo-saxons. Depuis, le père Gudziak a été consacré évêque et réside dorénavant à Paris d'où il s'occupe des Ukrainiens gréco-catholiques de France, du Benelux et de Suisse.

L'unité comme enjeu spirituel

À court terme, le terrain ne se prête donc pas vraiment à « l'action œcuménique » qui vient d'être évoquée et s'y prête d'autant moins que l'Ukraine figure au cœur du contentieux – selon les orthodoxes – qui les oppose aux catholiques. Étant le pays avec la plus grosse communauté catholique de rite byzantin de l'ancienne Union soviétique, cela explique cette focalisation de la part du Patriarcat de Moscou sur le *problème* ukrainien.

La présence des gréco-catholiques est selon eux d'autant plus une menace qu'ils se considèrent comme orthodoxes et célèbrent comme des orthodoxes, l'unique différence étant leur communion avec le Pape de Rome, ce qui en fait des catholiques.

Mais cela complique donc, toujours selon le Patriarcat de Moscou, la nature du paysage ecclésial ukrainien où existent également deux Églises orthodoxes autocéphales dont l'une est rattachée à Constantinople. Au final, cela fait donc quatre Églises orthodoxes dans le pays, dont une en communion avec Rome.

Comme les Russes souhaiteraient le monopole de la scène religieuse – là comme en Russie d'ailleurs, mais également dans les autres anciens satellites de l'empire – cette diversité leur apparaît comme une menace, et la menace est d'autant plus importante que des initiatives de rapprochement sont aujourd'hui lancées par les autres Églises.

À titre d'exemple, la décision des gréco-catholiques et des orthodoxes du Patriarcat autocéphale de construire un lieu de culte commun à Kolomyia sonne comme un défi. Pour Mgr Simkaylo, évêque gréco-catholique de Kolomyia, ce choix « témoigne de l'unité entre Églises et de l'amour chrétien ». L'évêque voit dans le fait qu'elle soit construite dans un hôpital anticancéreux un signe d'union des croyants au service de ceux qui souffrent.

Paradoxalement, on peut néanmoins imaginer que c'est tout de même là, en Ukraine, que le rapprochement entre catholiques et orthodoxes pourra se concrétiser et c'est sans doute pour cette raison que le combat, comme souvent lorsqu'il y a un enjeu spirituel, est si féroce.

L'immense cortège des martyrs du XXe siècle dans ce pays, à la fois catholiques et orthodoxes, nous précède dans l'unité du témoignage rendu et préfigure l'unité de l'Église que le Christ nous a demandée et à laquelle nous aspirons.

La tension que nous pouvons observer aujourd'hui pourrait donc en définitive être le signe précurseur de cette unité retrouvée, annonciatrice non seulement d'une grande espérance, mais même d'une certaine résurrection.

2. Kosovo

Mère Teresa de Pristina

Pristina, capitale du Kosovo, mi-septembre 2012. À quelques jours de l'automne, il fait encore chaud et la lumière est belle. Le voyage en bus depuis Skopje, capitale de la Macédoine, à 75 km de Pristina, a duré deux heures. La circulation a été fluide, mais le poste frontière beaucoup moins ! En arrivant dans la capitale kosovare, il est bien difficile de ne pas repérer le clocher de l'immense cathédrale Mère Teresa en construction, en plein cœur de la ville.

La bienheureuse Mère Teresa de Calcutta était Albanaise, comme son nom ne l'indique pas, mais bien comme la majorité de la population du Kosovo, même si elle était originaire de Skopje. Simplement, à sa naissance en 1910, les frontières n'étaient pas les mêmes : toute la région faisait encore partie d'une province de l'empire ottoman.

En partie financée par l'AED, cet édifice imposant marque déjà les esprits. À la différence d'une certaine théologie occidentale récente où le mot d'ordre était à l'enfouissement, l'Église dans ces pays cherche au contraire à se montrer et rien ne doit être trop beau pour Dieu, un peu comme chez nous à l'époque médiévale où l'on construisait des chefs-d'œuvre, aujourd'hui inimitables.

Tout semble démesuré – on se demande s'ils parviendront à la remplir un jour – mais l'ensemble est harmonieux. Officiellement inaugurée en septembre 2010 dans le cadre des célébrations du centenaire de la naissance de Mère Teresa, elle est encore en plein chantier.

Le coup d'envoi des travaux de la cathédrale a été donné par l'ancien président Ibrahim Rugova en 2007. Leader emblématique de la revendication de l'indépendance du Kosovo, il se serait converti au christianisme avant de mourir.

Une naissance aux forceps

Si j'étais encore étudiant, je manifesterais mon mécontentement car tout devient de plus en plus compliqué. Chaque année, la langue française compte de nouveaux mots, dont il n'est pas dit d'ailleurs qu'ils soient tous français ; les sciences de la nature et certaines réalités biologiques que l'on pensait inaltérables changent épisodiquement au gré des humeurs idéologiques de l'Éducation nationale et la géographie enfin voit une inflation de nouveaux pays !

Prenez la Yougoslavie. Avant, c'était simple. Maintenant, la fédération a explosé en sept entités que l'on appellera, par raison de commodité, des pays, même si le Kosovo n'est toujours pas internationalement reconnu, et notamment par le Vatican, pour d'évidentes raisons diplomatiques vis-à-vis du monde slave, Serbie et Russie en tête. Il faut dire que la naissance du Kosovo ne s'est pas faite, à proprement parler, de manière naturelle…

Peut-être que le conflit yougoslave est encore trop récent, peut-être aussi la participation de la France à cette guerre, dont les tenants et aboutissants restent assez obscurs, rend-elle le débat plus difficile, mais cette histoire du Kosovo m'était toujours apparue douteuse. Depuis ce bref séjour en 2012, cela me paraît toujours ambigu, mais il faut aller de l'avant et l'endroit m'a plutôt fait bonne impression, même si les griefs ne manquent pas.

Premier grief : *quid* de la souveraineté des nations ? On a, et les États-Unis ont beaucoup aidé, séparé ce territoire, grand comme la Gironde, de la Serbie pour en faire un État quasiment mono-religieux, à 90 % musulman, au cœur de l'Europe. On reproduit d'ailleurs ce même processus, pertinemment nommé de balkanisation, aujourd'hui au Moyen-Orient, à croire que plus personne n'imagine des religions différentes capables de vivre ensemble…

Certes, les États-Unis avaient quelques avantages dans cette opération, parmi lesquels l'affaiblissement d'un allié historique de la Russie, la quasi-appropriation d'un territoire avec l'installation d'une de leurs plus grandes bases militaires (Bondsteel), l'exploitation d'un sous-sol riche en minerais et accessoirement le contrôle du futur pipeline trans-Balkans AMBO, mais ces considérations étaient certainement marginales.

Autre grief : il reste à peu près 100.000 orthodoxes dans le pays, environ 6 % de la population, et cela ne se passe plus trop mal, sauf au nord-ouest et notamment à Mitrovica où ils sont ouvertement persécutés et ne doivent leur survie qu'à la présence manifeste de la KFOR, force armée multinationale mise en œuvre par l'OTAN. Des églises multiséculaires, des monastères historiques ont été détruits, et tout cela au cœur de l'Europe.

Enfin, la corruption, voire les trafics mafieux, gangrènent un territoire qui n'a pas encore de structure étatique élaborée ou au moins fonctionnelle. Dans ces conditions, on se demande bien quel peut être l'avenir d'un tel pays, sans l'apport massif d'aide étrangère. Comme pour le Monténégro, la devise du Kosovo est d'ores et déjà l'euro, car ces nouveaux pays n'avaient pas de monnaie autre que le dinar yougoslave.

Rappelons au passage que la Yougoslavie était autrefois assez prospère, largement en avance sur ses voisins orientaux, satellites du bloc de l'Est, la Bulgarie, la Roumanie et la Hongrie, et ce au moins jusqu'au milieu des années 80.

***

Malgré tout, le Kosovo m'a fait plutôt bonne impression et le travail de l'Église catholique sur place y est pour beaucoup ! Malgré son petit nombre, 65.000 catholiques, soit un peu moins de 3 % de la population, l'Église est bien présente sur le territoire et surtout très bien considérée. 47 prêtres s'occupent de 25 paroisses et sont aidés par une centaine de religieuses.

Beaucoup sont maintenant attirés par la foi chrétienne, à commencer par les musulmans. Selon l'évêque, moins de 5 % des musulmans sont pratiquants, les autres ne sachant même pas en quoi consiste leur religion. Cinq siècles d'occupation ottomane ont effectivement fini par entraîner des conversions en masse, mais, si la majorité a embrassé l'islam, la culture et le mode de vie des Kosovars sont restés profondément chrétiens.

L'islam n'est pas profondément enraciné. Ces dernières années, on a certes construit des mosquées dans de nombreux villages, toutes financées par des fonds venant de l'étranger, mais en règle générale, « seul un petit nombre s'y réunit pour prier », me confie le père Uka.

On constate le même phénomène en Macédoine et en Albanie qui forment avec le Kosovo la « connexion albanaise », trois pays avec une importante proportion d'Albanais. En Macédoine, les Albanais, pour la plupart musulmans, représentent 28 % de la population.

Les chrétiens sont les plus nombreux, un peu plus des deux tiers des Macédoniens, essentiellement orthodoxes, les catholiques étant une toute petite minorité. Les relations avec l'Église orthodoxe ne sont d'ailleurs pas très faciles.

En Albanie, les chiffres sont à prendre avec précaution. On annonçait 70 % de musulmans, chiffre auquel même les musulmans ne croient pas. Or, il semblerait qu'il y ait à peu près autant de chrétiens que de musulmans – 50 % de chaque côté – dont 30 % d'orthodoxes et 20 % de catholiques.

Mais après des décennies d'athéisme extrême, la plupart des personnes, musulmans comme chrétiens, ne connaissent rien à leur religion. Beaucoup de chrétiens ne sont même pas baptisés ! Les jeunes sont intéressés jusqu'à trente ans et également les anciens, mais les quarante-soixante ans ne veulent pas en entendre parler. Ils ont trop souffert d'endoctrinement et sont devenus imperméables à toute idée, qu'elle soit politique ou religieuse.

Il faut dire que l'Albanie a poussé très loin le concept de la mort de Dieu puisque le mot même de *Dieu* était banni. Enver Hoxha, qui dirigea le pays d'une main de fer pendant quarante ans, de 1945 jusqu'à sa mort en 1985, et qui proclama en 1967 l'Albanie « premier État athée du monde », ne parvint pas à tuer Dieu, mais il se vengea sur le clergé dont il fit une cohorte de martyrs.

Recherche apôtres désespérément

On est en droit de se demander comment des pays aussi déshumanisés ou découpés artificiellement réussiront à pérenniser une certaine stabilité et un environnement plus porteur pour un réel développement humain. Avec différents traumatismes encore trop récents, la tâche paraît hors de portée.

Reste aussi la question lancinante de l'identité albanaise. « Qui sommes-nous ? », se demandent les Albanais, que ce soit en Albanie, au Kosovo ou en Macédoine. Plus ou moins consciemment, tous savent que leurs racines sont chrétiennes, mais l'engagement pour la foi, quelle qu'elle soit, nécessite aujourd'hui une réelle conviction.

Qui pourra le mieux répondre aux besoins spirituels des Albanais aura un boulevard devant lui. Cela représente un potentiel gigantesque pour l'Église, mais encore faut-il des témoins. Or, c'est maintenant que se joue la partie !

Pour l'évêque, il est probable que d'ici à trente ans, une bonne partie de la population soit revenue au christianisme. Il en a déjà baptisé personnellement plus de trois cents et une trentaine se préparent pour la fête de Pâques à la cathédrale, mais il ne s'agit que de sa paroisse et il y en a beaucoup d'autres.

Alban, qui a fait des études d'économie à l'université de Pristina, a récemment été baptisé. « Mes ancêtres étaient catholiques à l'origine, dit-il, le baptême a été pour moi comme un retour à la foi de mes aïeux et à mes origines. »

Ce n'est pas encore un mouvement massif, mais, à en croire l'évêque, cela ne saurait tarder. Le Kosovo serait-il une terre d'avenir pour l'Église ? Recherche apôtres désespérément ! En attendant, bienheureuse Mère Teresa, à toi de jouer !

3. France

De un à un million

Champ de Mars, 19 août 1997. Les JMJ de Paris viennent de commencer. Sous un soleil caniculaire, la foule compacte réunie entre la tour Eiffel et l'École militaire acclame Jean-Paul II. Il y aura un *avant* et un *après*-JMJ, les jeunes catholiques français prenant d'un seul coup conscience de leur joie de connaître le Christ et de leur fierté d'appartenir à l'Église. Une génération s'est levée, la génération Jean-Paul II.

C'est alors que le Pape offre un cadeau à la France, mais aussi à l'Église universelle : le doctorat de la petite Thérèse, annoncé ce jour-là et officialisé le 19 octobre suivant. Comment cette jeune femme qui voulait tout à la fois être épouse du Christ cloîtrée dans son carmel, missionnaire en Extrême-Orient, prêtre et martyre, aurait-elle pu laisser indifférente cette jeunesse parfois désenchantée, mais toujours, même de manière inconsciente, en quête d'absolu ?

Quelques jours plus tard, nous sommes réunis dimanche pour la messe de clôture à l'hippodrome de Longchamp. Nous sommes plus d'un million. Qui a dit que l'Église allait disparaître ?

Quelques années plus tard, j'assiste à la messe un jour de semaine dans une paroisse. L'évangile du jour est celui où le Christ demande : *« Mais le Fils de l'homme, quand il viendra, trouvera-t-il la foi sur la terre ?* » (Lc 18, 8.) J'ai déjà entendu ce passage de l'évangile, mais ce jour-là, il prend une signification particulière : je suis seul !

Contraste saisissant s'il en est, en quelque sorte représentatif de notre époque où l'Église en France donne parfois l'impression qu'elle va disparaître et, en même temps, présente visiblement les gages d'une étonnante vitalité. Certes, les chiffres se sont effondrés et les pratiquants sont devenus une petite minorité. En même temps, qui peut se targuer en France de réunir physiquement trois millions de personnes chaque semaine ?

Un double défi anthropologique

Le lecteur pourrait se demander pourquoi la France figure dans cet ouvrage. Précisons immédiatement que l'Église n'y est évidemment pas persécutée, mais, comme le sous-titre évoque l'espérance, il m'a semblé néanmoins opportun d'en parler et même de conclure avec notre pays.

Avant d'évoquer quelques motifs d'espérance, on doit tout de même constater que l'Église dans notre pays n'est pas totalement à l'abri d'une forme d'agressivité qui, sans être réellement discriminante, n'en est pas pour autant indolore. Cible de railleries épisodiques, on pourrait imaginer que l'Église en a vu d'autres et qu'après tout, cela la rend plus humble.

Mais lorsque ces moqueries deviennent quasi permanentes et finissent par devenir vulgaires et franchement offensantes, il y a un moment où l'argument sacralisé de la liberté d'expression n'est plus recevable. Celle-ci est certes un droit, mais son exercice implique également un devoir et notamment celui élémentaire d'un minimum de respect pour les personnes et pour leurs croyances. L'aspect discriminant, c'est que ce sont toujours les chrétiens qui sont ainsi moqués et qu'il ne viendrait jamais à l'idée aux soi-disant humoristes, ou du moins de manière exceptionnelle, de s'en prendre aux juifs ou aux musulmans.

Jean-Paul II, puis Benoît XVI ont invité les chrétiens chacun à leur manière à affronter cette forme minimale du martyre qu'on pourrait appeler, en référence à la petite Thérèse déjà évoquée, « la petite voie de la persécution » et qui consiste à affronter le ridicule et la marginalisation. Face à une persécution qui n'attente pas à nos vies, mais seulement à notre confort, notre réputation, notre respect humain, nous devons être prêts à au moins faire ce sacrifice.

Lorsqu'il arrive malheureusement que des lieux de culte ou des cimetières juifs ou musulmans soient profanés, on assiste immédiatement – et à juste titre – à une réaction des autorités politiques de notre pays, mais lorsqu'il s'agit des chrétiens, cela n'intéresse plus personne, l'immense majorité (85 %) des profanations les concernant pourtant. Certes, on peut objecter qu'il y a évidemment plus de lieux de culte et de cimetières chrétiens dans notre pays, mais cela ne suffit pas pour autant à expliquer la différence de traitement politique et médiatique.

Par ailleurs, nous assistons de plus en plus, que ce soit en France ou au niveau européen, à des restrictions sur le plan de la liberté de conscience, ce qui rend l'exercice de certaines activités professionnelles de plus en plus difficile en termes de compatibilité avec la foi. Devant la multiplication de cas concrets relevant de cette discrimination, l'AED a organisé en novembre 2011 un colloque intitulé « Le christianisme aura-t-il encore un avenir en Europe ? ».

Viennent enfin tous les projets de transformation sociétale qui concernent tous, de près ou de loin, la vie et la nature humaines. Enjeux bioéthiques, définition du début et de la fin de vie, nature de l'embryon, développement d'une mentalité contraceptive et abortive, la première censée limiter la seconde, mais en réalité la renforçant, théorie du genre, mariage et adoption pour des personnes de même sexe, mères porteuses, chosification et commercialisation des enfants…

La liste de ces bouleversements – qui entraînent, selon l'aveu même de leurs promoteurs, un changement de civilisation – est telle que l'Église semble débordée par l'ampleur de ces attaques contre ce qu'elle estime avoir compris de la nature humaine et qui était, encore récemment, unanimement reconnu et partagé.

Cette nouvelle civilisation basée sur un *homme nouveau*, l'Église la considère comme une régression effrayante menant directement à la barbarie. Elle continuera donc à s'y opposer et cette opposition sera visiblement de plus en plus frontale.

Un évêque américain – car l'Église aux États-Unis est confrontée aux mêmes inepties prométhéennes – disait récemment, du fait de son opposition à ces projets de lois, que sans doute lui mourrait de vieillesse dans son lit, mais que son successeur finirait certainement ses jours en prison et que le successeur de celui-ci serait probablement exécuté sur la place publique !

Dans cet environnement si hostile aux positions de l'Église, que ce soit par ignorance – ce qui est le cas de la majorité, qui n'a plus aucune connaissance ni compréhension des bases anthropologiques défendues par l'Église – ou par réelle aversion, on en viendrait presque à trouver le second grand défi – l'islam – sympathique, même si là aussi, on se retrouve finalement sur une autre vision de l'homme – et de la femme – et un autre modèle de civilisation. Au-delà de la simple dimension religieuse, on se retrouve donc bel et bien confronté à un double défi qui remet en cause l'anthropologie chrétienne.

***

Confrontée simultanément à une apostasie massive (abandon et même oubli de la foi de ses ancêtres) et à un effondrement démographique (chute vertigineuse de la population autochtone), l'Europe vit parallèlement une croissance exponentielle de sa population immigrée, principalement musulmane.

Même si la situation démographique de la France est moins déprimante que chez ses voisins, notre pays reste, avec la plus grande communauté musulmane d'Europe, directement concerné par ce défi.

Une large partie de cette communauté – et c'est heureux – est intégrée ou en passe de l'être, mais une minorité active et organisée, encouragée par les apparents succès politiques des groupes les plus radicaux dans un certain nombre de pays, parmi lesquels ceux du Printemps arabe, milite pour une réelle prise de contrôle de la communauté dans un premier temps, avant d'envisager une stratégie politique plus audacieuse. Au vu des évolutions démographiques, le temps joue en leur faveur…

Pendant ce temps, l'Église prône le dialogue et c'est évidemment non seulement une bonne chose, mais également une orientation indispensable. Seul le dialogue nous permettra de vivre ensemble ! Mais ce dialogue ne devrait pas faire l'impasse de la vérité et se contenter de belles formules mondaines. L'occultation systématique des difficultés, et notamment du sort des chrétiens dans les pays à majorité musulmane, ne peut que déboucher sur un doute croissant quant à la qualité et à la sincérité de ce dialogue.

Or, il semble que règne ici parfois un certain irénisme, doublé d'une forme d'exclusion de ceux qui oseraient remettre en cause la vulgate établissant que tout va pour le mieux dans le meilleur des mondes. Est-ce par sincérité ? Soit, mais la sincérité ne dispense pas d'un minimum d'intelligence. Soyons positifs et imaginons qu'il s'agit en réalité d'une stratégie d'apaisement, avec la volonté délibérée de ne pas évoquer les sujets qui fâchent pour ne pas envenimer la situation.

Le problème, c'est qu'à force de ne pas traiter ces questions et d'imposer un déni de la réalité, on obtient strictement l'inverse, c'est-à-dire un basculement vers les extrêmes de la part de personnes frustrées de ne jamais voir leurs soucis pris en considération. Or, ces soucis ne relèvent pas de craintes fantasmées : la situation dans les pays à majorité musulmane est réellement inquiétante et il est difficile de ne pas faire de parallèle avec la croissance de l'islam ici en Occident.

Sans doute faudrait-il au contraire mettre clairement et calmement ces préoccupations sur la table et mettre les choses à leur place avec le recul nécessaire. Ce travail pédagogique pourrait et même devrait être proposé par l'Église qui y gagnerait en légitimité et en reconnaissance, en étant à la fois témoin de la vérité et artisan de paix.

Or, justice et paix sont liées et on ne voit pas comment on pourrait œuvrer pour la paix tout en camouflant des situations d'injustice. Prôner le dialogue et taire les persécutions que subissent les chrétiens au Moyen-Orient n'a simplement aucun sens.

Après avoir été particulièrement silencieuse au moment de la persécution des chrétiens derrière le Rideau de fer, à quelques centaines de kilomètres donc de chez nous, l'Église en France n'a exprimé aucune repentance. Pendant l'épreuve, il ne fallait pas en parler. Après non plus, sous prétexte que c'était le passé et qu'il fallait tourner la page. Courage, fuyons, les chrétiens sont persécutés, tant pis pour eux. Allons-nous reproduire la même chose avec les chrétiens du Moyen-Orient, du Nigéria et d'ailleurs ?

Il nous faut des prêtres !

La France a l'un des taux de pratique les plus faibles au monde, mais le *petit reste* n'est pas encore enterré. En réalité, l'Église en France dispose même d'un certain nombre d'atouts qui la rendent beaucoup plus forte que ce que l'on pourrait comprendre de prime abord. En Europe, on peut sans doute même dire que c'est celle qui présente le plus de raisons d'espérer.

Si l'on considère qu'elle est fille aînée de l'Église, il n'y a finalement rien de surprenant à cela, Dieu étant fidèle et ses bénédictions sans appel. Rien d'étonnant non plus, du fait de cette bénédiction particulière, si l'Église en France a été particulièrement éprouvée, c'est dans l'ordre des choses. Personnellement, je suis persuadé qu'elle rayonnera à nouveau.

Vitalité démographique et approfondissement spirituel des familles pratiquantes, développement de mouvements issus du Renouveau charismatique, dynamisme des communautés attachées à la forme extraordinaire du rite romain, multiplication d'initiatives pastorales au niveau paroissial, les signes de résurrection ne manquent pas.

Mais il y a aussi tout simplement le peuple chrétien. Confronté à un environnement plus agressif, il resserre les rangs et se mobilise. À titre d'exemple, les initiatives politiques visant à dénaturer le mariage auront suscité comme jamais auparavant un sursaut et la prise de conscience de faire partie d'un corps vivant qui pouvait exprimer quelque chose et avait la force de le faire. En ce sens, on pourrait presque remercier Mme Taubira d'avoir réussi à réveiller l'Église en France !

Je connais une jeune Iranienne convertie au christianisme et qui a dû fuir son pays car elle était menacée de mort. Un jour, elle m'a dit qu'elle aimait l'ayatollah Khomeiny. Devant mon étonnement, elle m'a expliqué que grâce à lui, plus personne ne pouvait supporter les ayatollahs en Iran. Eh bien, chez nous, c'est la même chose. Taubira, c'est notre Khomeiny à nous !

***

Pour illustrer cette vitalité de l'Église en France, on peut également évoquer le développement du catéchuménat et les quelque trois mille baptêmes d'adultes chaque année, parmi lesquels de plus en plus de musulmans. On retrouve ici ce qui a été évoqué au début de cet ouvrage, à savoir la conversion d'un nombre de plus en plus important de musulmans au christianisme. Cela se produit au Moyen-Orient, mais aussi dans le reste du monde et notamment en France.

Le phénomène est d'autant plus surprenant qu'il n'est pas sans risques, l'apostasie étant proscrite dans l'islam et en général passible de sanctions pouvant aller jusqu'à la mort. Pressions et menaces sont le lot de toute personne qui serait candidate à une telle démarche, ce qui explique le plus souvent leur extrême discrétion, y compris même et surtout vis-à-vis de leurs plus proches. Dans ces conditions, beaucoup en restent à une conversion intérieure sans aller jusqu'à la manifestation publique que peut constituer un baptême.

Mais on peut imaginer que, leur nombre augmentant, viendra le jour où ils sortiront de l'ombre pour revendiquer la liberté de leur choix. Certains musulmans convertis en France estiment d'ores et déjà qu'ils formeront l'un des contingents les plus actifs pour défendre l'Église dans notre pays et qu'ils seront en même temps à la pointe de la mission auprès de leurs anciens coreligionnaires.

Il s'agit là très certainement d'un champ d'apostolat sur lequel l'Église en France devrait investir dès maintenant, au moins en termes de structures d'accueil, ces personnes nécessitant le plus souvent un accompagnement spécialisé. Sans prosélytisme, mais sans refus non plus, sous prétexte de dialogue dévoyé (« Pourquoi voulez-vous changer de religion ? L'islam, c'est très bien... »), la moindre des choses serait quand même de permettre à ces personnes qui ont commencé un cheminement de trouver des réponses aux questions qu'elles se posent. Pour le moment, nombre d'entre elles finissent par rejoindre les communautés évangéliques où elles se sentent accueillies et où, au moins, on s'occupe d'elles.

***

Alors qu'on parle de plus en plus d'églises désaffectées, vendues ou démolies, il arrive aussi qu'on en construise. En France en 2013, une église est par exemple en construction à Arnouville dans la région parisienne. Ce sera une paroisse chaldéenne, un rite oriental de l'Église catholique essentiellement présent au Moyen-Orient et notamment en Irak. Les Chaldéens de la région ont déjà deux grandes églises, mais elles sont maintenant trop petites. C'est une communauté très vivante et qui déborde de ses murs, comment ne pas s'en réjouir ?

La liturgie est en araméen, certains paroissiens viennent de Turquie, mais, dans l'ensemble, on passe facilement du français à l'arabe. Si on ajoute tous les Libanais – notons la création en 2012 d'un diocèse maronite en France – et si on fait le lien avec les convertis originaires d'Afrique du Nord, cela fait au total un nombre croissant de catholiques arabophones dans notre pays. Faudra-t-il prévoir un jour en France des messes en arabe ? Ce ne serait pas l'un des moindres retournements de l'Histoire dont le Seigneur reste, en définitive, le Maître.

***

Mais en réalité, c'est bien la langue française qui permettra à toutes ces différentes communautés de se retrouver, d'autant plus qu'il y a ce petit reste déjà évoqué et qu'on peut très bien imaginer aussi qu'un certain nombre de nos compatriotes trouveront – ou retrouveront – le goût et de la prière et la saveur de la foi chrétienne.

Après avoir tout rejeté, qui sait si demain, on ne rejettera pas le fait d'avoir tout rejeté et que dans les décombres du chaos nihiliste dans lequel on se précipite, on ne finira pas par s'émerveiller de l'incroyable bouffée d'oxygène que représente la foi dans le Christ ?

Par essence révolutionnaire, car l'Évangile demeure subversif face à l'esprit du monde (mais on l'avait sans doute oublié), le christianisme a une finalité profondément libératoire qui présente une réponse sensée et sans doute unique aux préoccupations d'aujourd'hui.

Il se pourrait que la pratique redevienne donc plus importante que ce que nous connaissons actuellement. Entre-temps, que seront devenues nos églises ? Et où trouvera-t-on des prêtres ? On en cherche déjà aujourd'hui, imaginez ce que ce sera dans une ou deux décennies. Il nous faut des prêtres !

Hormis les personnes idéologiquement trop engagées dans une aversion antichrétienne violente, on peut concevoir et même déjà constater une certaine curiosité pour le christianisme et une redécouverte assez positive de ses fondements et de la culture qu'il véhicule.

***

Mais au-delà de la culture, c'est bien d'une rencontre personnelle qu'il s'agit et donc d'une véritable conversion qui ne pourra se vivre et se propager que par le témoignage contagieux des chrétiens, là où ils sont, et c'est là qu'interviennent *in fine* les témoins de notre temps, les *martyrs* de la foi à travers le monde aujourd'hui.

Leur témoignage, nous le voyons chaque jour à l'AED, touche les gens et les amène à s'interroger. Leur fidélité au Christ dans les contrariétés, voire les pires épreuves, ne manque pas de produire du fruit, un fruit de conversion et d'attachement au Christ, où nous vérifions à nouveau qu'ils ont beaucoup plus à nous apporter que ce que nous pouvons leur donner.

Malgré toutes les vicissitudes et alors qu'ils auraient tout intérêt à abandonner le Christ, ils nous dévoilent le trésor auquel ils ne renonceront pas, la personne en qui ils ont mis toute leur confiance, une confiance qui ne déçoit pas et qui fait naître l'espérance.

Épilogue

Luang Prabang, ancienne capitale impériale du Laos. Bordé par le Mékong qu'il surplombe, le site est grandiose et les touristes ne manquent pas. Ce qu'il manque par contre, c'est une église. Autrefois, avant la *libération* du pays en 1975 par les forces *démocratiques populaires*, il y en avait trois, toutes réquisitionnées.

Nommé administrateur apostolique en 1999, le prêtre en charge de cette région a rang d'évêque. En effet, le Vatican a voulu le nommer Vicaire apostolique en 2010 – il aurait alors été ordonné évêque – mais jusqu'à aujourd'hui, le prêtre préfère attendre un peu. Ce n'est pas encore le moment selon lui et cela risquerait d'aggraver la situation déjà tendue.

Son *évêché* consiste en une simple maison qu'il souhaite transformer en gîte d'accueil pour pouvoir recevoir plus de monde. La messe est célébrée discrètement dans la salle de réunion. Une cinquantaine de fidèles assistent régulièrement à la messe, les autorités ne sont pas contentes, mais il dit qu'il ne peut pas les chasser.

Dans son Vicariat, il reste sept églises. Il n'a qu'un seul prêtre pour l'aider, mais huit séminaristes – la relève – et c'est sa consolation. Dans les villages, les fidèles ont en général la messe quatre fois par an. L'*évêque* semble prématurément usé. Il faut dire qu'il a déjà *goûté* trois fois aux geôles laotiennes où il a notamment perdu un œil en cassant des cailloux lors de sa détention pour rééducation.

La seule présence visible de l'Église à Luang Prabang consiste en trois sœurs laotiennes d'une congrégation fondée en France, les Sœurs de la Charité de Besançon. Leur charisme est l'éducation. Les religieuses ont une école de sourds-muets, soutenue par le gouvernement qui, de son côté, n'a rien mis en place pour les handicapés. Cela leur permet non seulement d'être là, mais qui plus est en habit religieux.

Là comme ailleurs, l'Église, même réduite à sa plus simple expression, se veut au service des plus pauvres. Alors, évidemment, cette cinquantaine de sourds-muets ne représente rien au niveau de l'économie laotienne. Pour les chrétiens, on pourra y déceler la mise en œuvre de la charité qui, aussi discrète soit-elle, procède de l'amour même du Christ, ce qui le rend éminemment fécond, au-delà des contingences apparentes. Mais même sans se situer sur le plan religieux, on peut imaginer que ce service rend tout simplement le monde plus humain. Lorsque les plus petits sont pris en considération, tous les autres découvrent qu'ils ont, eux aussi, leur place.

Or, ces braves religieuses avec leur *évêque* semi-clandestin sont le trésor de l'Église. « Nos frères persécutés sont l'élite de l'Église », disait le père Werenfried, fondateur de l'AED. En quelque sorte sur le front du combat qui se mène inlassablement entre les forces du mal et l'Église, les chrétiens discriminés portent leur croix de manière particulière.

Ce sont les chrétiens en danger, si proches de la Croix et donc si proches du Christ. Cette place, nul ne peut la leur ravir.

Table des matières

Dépôt légal : août 2013
IMPRIMÉ EN FRANCE

Imprimé en août 2013
sur les presses de l'imprimerie « La Source d'Or »
63039 Clermont-Ferrand
Imprimeur n° 16516

Dans le cadre de sa politique de développement durable,
La Source d'Or a été référencée IMPRIM'VERT®
par son organisme consulaire de tutelle.
Cet ouvrage est imprimé - pour l'intérieur -
sur papier bouffant, « Pamosky » 80 g (main de 2),
provenant de la gestion durable des forêts,
des papeteries Arctic Paper, et répondant
aux certifications forestières « ECF » (Elementary Chlorine Free).

Composition et mise en pages réalisées par
LG Compo - 28200 - Châteaudun
Juillet 2013